人生礼仪

李冰 著

民俗山西

杨茂林 主编

创于1897
The Commercial Press
商务印书馆

序

《左传·僖公二十八年》:“子犯曰:‘战也。战而捷,必得诸侯。若其不捷,表里山河,必无害也。’”

杜预　注:“晋国外河而内山。”

瞧这一片南北狭长的地带,地势由东北斜向西南逐渐下沉,里里外外分布着高山大河,几乎把山西全境给围了起来,造就了山西典型的黄土高原景致:一望无际覆盖的黄土,一览无余广布的山脉,几乎是山峦叠嶂、岭谷纵横,丘陵起伏、沟壑遍野,不乏险峻幽深,不缺粗犷雄秀,山色不同、神态各异,干旱少雨、四季分明。数千年来,我们的祖先一辈一辈生活在这里,自给自足,繁衍生息,同这块属于温带大陆性季风气候的土地相存相生相斗相融,把这里耕耘成了北方地区较为适合人类居住的地方。我一直认为,这个区域就是大自然的能量和人类的力量结合得最完美和最充分的地方之一。

一

东是巍峨雄伟的太行山脉,诸多名山从东北倾西南构成系

列山地，恒山、句注山、五台山、系舟山、太行山、太岳山、王屋山、中条山呈“多”字形延展，雄浑壮阔、不同凡响，不仅是黄土高原的东界，而且是中国地形第二阶梯的东缘。这里地势险要，山高林密，河川交织，干旱少雨，山间存在着不少沉降盆地。上党盆地周边群山环绕，清漳河、浊漳河汇流此地，平畴绿野，嘉禾郁郁，涓涓细水，成河飞流，泽州盆地周围皆山，中部平坦，丹河、沁河流穿其间，森林茂密，水源富集，岩洞奇绝，瀑布垂练，都是一派自然天成、引人入胜的景色。其南端主要是中条山脉，其中历山北倚汾渭地堑，南临黄河谷地，山势陡峭、山丘众多，气候温暖、雨量充沛；中条山兀立于运城盆地和黄河谷地间，陡峰深谷、层峦叠翠，丛林荫蔽、草甸丰美，适宜人类繁衍生息。太行山脉是我们祖先最早出现的地区之一，早在 180 万年前，远古人类就开始在这里活动，历经旧石器和新石器时代，留下了人类起源和社会演进的诸多轨迹，如曾经在北部山麓地带狩猎为生的许家窑人，在中部东麓过着原始定居生活的磁山人，在南边过着刀耕火种采集狩猎群居生活的下川人，还有离我们更近的、已经步入青铜时代的东下冯人。是这片古老广袤厚实的土地，以及生活在其上的粗犷淳朴勤劳的先人，一起创造共享传承了丰富多彩、恢弘大气的中华文明的历史篇章。

西是覆盖深厚黄土的吕梁山脉，自东北向西南横亘着七峰山、洪涛山、管涔山、芦芽山、云中山、黑茶山、关帝山、紫荆山、龙门山等断块山地，宛如一条脊梁，中间隆起两边低延。从西坡看，吕梁山地向黄河谷地延伸，整体上东高西低，黄土广泛覆盖，受季风影响，气候干旱温暖，丘陵众多，墚峁成群，沟壑纵横，间有台垣盆地，地形支离破碎；从东坡看，黄土断续分布，山多坡广川少，气候湿润寒冷，有土石山区、黄土丘陵、沿川河谷，有高山峻岭、高山草甸、高山天池，也有寒温带针叶林、温带针阔叶混交林、暖温带阔叶林。吕梁山脉也是我们祖先较早活动的区域，从旧石器时代起就有人类生存，吉县柿子滩遗址有中国历史上最早的“火塘”遗迹，到新石器时代，人类活动更加频繁，成为沟通中原和西部地区交往的重要纽带。吕梁山是个很奇特的地方，自然条件恶劣、生存环境艰苦，但数千年来，我们的祖先与天斗、与地斗，开创了适合自身的生产生活方式，成就了代代相传、生生不息的人类传奇。

两山之间则是一连串狭长的台阶式下降的断陷盆地，由东北向西南依次延伸，大致连成一条飘动的走廊，土地平坦，聚水避风，流淌着多条非常重要的河流，省域内数百处石器时代人类文化遗址几乎全部分布在这些河流两岸的台地与山前丘陵

地带上。大同盆地在省域北部，是北方之门户，边缘山地丘陵，留有多座火山，桑干河从中流过，两岸地势平坦宽广。至少约2.8万年前，在旧石器时代晚期，峙峪人就在这里繁衍生息。下来就是省境中部偏北的忻州盆地，有高山环绕，还有洪积平原发育的滹沱河上游谷地和地势平坦的忻定盆地。旧石器时代中期这里就出现了人类劳动，新石器时代更是广泛聚居着属于仰韶文化和龙山文化类型遗存的原始部落。太原盆地在省域中部，东西与山地相接，盆地由北东向南西延展，汾河中游穿过，土地宽阔肥沃。盆地边缘环绕着黄土台地和黄土丘陵，在仰韶时期就有人类活动，到了龙山时期，先人则出现在平原周边稍高的地方。往南过霍山口是临汾盆地，至侯马折向西，东西以大断层与山地相接，汾河下游穿经流入黄河，土壤肥沃，气候温暖。晚更新世早期的"丁村人"就在这里生活繁衍，过着采集狩猎的集体生活。作为山西新石器时代早期的枣园稼穑，就折射出先民早期的农业活动情况。陶寺文化更是标志了文明社会的到来，农耕成为养育先民的基本的生产生活方式。最后是运城盆地，省域西南部一个强烈的沉降盆地，盆地内多河湖堆积，涑水河由东北向西南流入黄河，四季分明、无霜期长。这里留存有很多旧石器时代至龙山文化晚期遗迹，是寻找夏文化源头的重要区域。

世界上很少有自然环境如此艰苦，人类的生命力又如此顽强生长、旺盛充沛的地方。我深切感到，这片土地非常慷慨，对一切已经发生、正在发生以及将要发生的都悉心收纳，从不推诿放弃，不会让任何劳动没了收获，至迟从180万年前开始，就以兼爱无私的博大胸怀，无怨无悔、不离不弃地养育了一代一代命运多舛、抗争不息、勤劳不怠、淳朴诚实的先民，留下了女娲造人、精卫填海、后羿射日、愚公移山等感人故事；而先民对自身价值的发现，对文明社会的探索，都来自身下这片土地，他们不断窥探自然的奥秘，挖掘生活的价值，调节社会的关系，忍耐痛苦的折磨，享受人生的快乐。凡此种种，经年累月，就在山西这样一个相对封闭的区域内，长出了富有特色的民俗文化，流出了含蓄而奔放、凄美而热烈的山西故事。我经常想，只有深刻了解了这片土地及其上的所生所长，人们才能进一步认识到，这个世界上多灾多难的古老民族，为何能一路走来、生生不息！

的确，自先民最早踏上这块土地，便在这里开拓自己、和纳他人。由于地理位置和特殊条件，农耕民族和游牧民族在这里持续对峙碰撞，不断有新民族迁入、有汉民族迁出，经常是大出大进，所以多民族在此杂居生活、交融文化，加之区域内各地环境差异较大，地理、水文、气候、物产、语言等多有不

同，使得生产生活、居民性格、社会交往等各具特色，因此，这里的民俗文化自然也是多元生长、丰富多彩，形式有异、特点纷呈。事实上，山西民俗有中国北方汉民族的文化共性，也蕴含独特的地域风情，这是自然因素的影响，也是民族融合的特殊文化气质的渗透。从胡服骑射到文明新装、从穴居野处到晋商大院、从羊皮筏子到黄河大桥，都呈现出物质精神生活的演进以及生产生活方式的变化，透露了山西民俗所涉及的民族生活和繁衍的信息，以及带来的关于民族生存和发展的启示，使人更加深刻地感受了传统文化视野下山西区域的人与人、人与自然、人与社会的关系。特别是，虽然这里生存条件不是很好，有些地方还很恶劣，人们活得比较艰苦，但是他们始终追求美好的强烈愿望、敢为人先的奋斗精神、诚信守义的生活态度，确实都通过民俗文化及其背后故事生动地跃然纸上，令我们感慨不已。作为后人，我们要有敬畏，应该倍加珍惜！

二

山西民俗涉及人们的衣食住行以及信仰、禁忌等方方面面的内容，有显著的活态特点和十分广泛的群众基础。从理论上看，“民”一般指民间或百姓，“俗”则多指其生活习惯或方式所涉及生活的文化。葛剑雄先生认为，“俗”比较稳定，存在时间较长，影响范围较大，这样“俗”被越来越多的人接受，逐渐成了群体生活的重要部分。而钟敬文先生则认为，民俗既是一种历史文化传统，也是人民现实生活中的一个重要组成部分。我个人以为，“民俗”形成的本身就是一个动态过程，然而一经历史沉淀就会成为传统，在得到群体认同的过程中，也会在观念、信仰、准则、习惯、制度等方面得到反映。因此说，民俗具有深刻的文化意义，是传统文化的重要内容，是不同地区人们生活智慧文化的外在体现。在挖掘整理和深入研究中，我始终有个深刻感受，那就是山西民俗是一种活化的历史文化资源，是传统文化的基础或底蕴，会与不断变化的现实环境相结合衍生出新的形式和内容。而在历史和文明演进中，山西民俗作为传统文化，在民间已经外化为制度和规约，内化为观念和认知，不仅在过去，而且在当下，在百姓日常生活乃至国家社会治理方面都起着重要作用。

事实上，民俗虽然说的是百姓的事情，但是具有非常强烈的主体意识，与民族的生命活力及其延续本身密切相关，很容易实现身份认同，享有共同的生命观。从民俗元素中抽象出的传统文化，都具有原始环境的本真韵味，是原初的思想和根底的行为，凝聚了最基本的人类思想和情感要素。从山西民俗中，可以发现不同时代的人的思想和行为特质，可以从人们思

想情感、生产生活中探寻那些流淌着的文化乡愁，那种与泥土青草、村落民居、山川河流同构的浓郁传统生活，通过人与人、人与物、人与天地之间的联系，来透视生长其中的信仰、情感、希望、乐观等。山西民俗反映了人类的生命力，以及人类在生生不息中摆脱不了的宿命。正如楼宇烈先生所认为的那样，生命是一代一代相延续的，父母子女、兄弟姐妹之间有血脉联系，彼此之间都是有责任、义务的。因此，从薪火相传意义上说，山西民俗在本质上就是一种代代延续、辈辈传承的责任或者义务。张岱年先生认为，中国传统文化有两个基本精神，一是“以人为本”，强调人的价值，表现人的自我认识和道德自觉心；一是“以和为贵”，强调人人和谐共进，表现人们的求同存异和多样性统一。山西民俗是特别讲求这些基本精神并以此为底色或本质的。

我国历史源远流长，多民族统一大国是两千年来的基本国情。任继愈先生认为，这个国情综合地显示着中华民族的思想文化、生活准则、宗教信仰、伦理规范、风俗习惯和政治制度。在他看来，观察中国历史、研究中国问题，都不能不以这个国情为出发点，又落脚到这个出发点。显然，任先生这段话主要是从形而上角度来思考的，但对我们深刻认识山西民俗文化有启示意义，因为多民族统一大国的两千多年的基本国情，同样是由悠久流长、多姿多彩的、与百姓生产生活如影随形的民俗文化显示的。换句话说，就是山西民俗文化能从多个角度、在多个层面反映着这一基本国情的思想、准则、信仰、伦理、习惯、制度的主要内容。所以，按照历史唯物主义的观点立场方法，对山西民俗进行文化意义上的梳理分析，更好展示其源流、概括其特点、阐释其价值、揭示其发展规律，对于进一步讲好中华文明、体现中华文明智慧力量，具有重要意义。

山西民俗需要守护和创新。楼宇烈先生说，传统就是我们的原创。这话很有道理。山西民俗作为这样一种原创性的重要传统文化，不能片面理解或者武断排斥，而要全方位记录好保存好，更要主动传承好弘扬好。在当下数据时代、智能社会背景下，在城市化迅猛发展进程中，山西民俗也要创新，以求更好生存发展，融入现代社会并发挥积极作用。因为，每种民俗都镌刻着传统文化内涵，流淌着民族精神价值，都会随着时代变迁而精进发展。今天，百年未有大变局与科技变革大趋势，为这种发展规定了方向和提供了条件。荀子有句话说得好，“循其旧法，择其善者而明用之”，意思是用其善并发扬光大，是发展的核心要义。我以为，其中最大的善，就是在发展中不断彰显人类的生命价值、拓宽人们的精神世界。对民俗文化研究而言，就是围绕生命本身及其延续意义，着力构建起更为广泛的血脉联系和责任义务，并通过不断创造来维护血脉联系和履行责任义务。

山西民俗作为传统文化的重要组成部分留存至今，一定有它长期留存的原因，那些传统社会反复出现的生产生活方式，持续作用的约定俗成、长期持有的信仰禁忌，都与我们能走到今天有直接关系。五年前，当我们以山西文明历史角度，开始研究和撰写《民俗山西》时就讨论过，通过编撰这套文化读物想告诉读者什么、用什么方式告诉、期待产生什么效果的问题。自那以后，这些问题一直伴随着相关的挖掘整理、分析研究、撰写修改的全过程。现在本书即将付梓出版，我们对问题的答案更加清楚了，那就是以人为本、以文化人，不忘本来、面向未来，尽量做到系统全面、图文并茂，着力融合历史性和学术性，力求兼顾现实性和可读性，在此基础上，把一幅幅鲜活生动的民俗画卷奉献给读者，把一个个富有智慧的生产生活启示展现给世人，这应该就是我们研究历史的学者要担起的使命责任吧！

是为序。

杨茂林

2022年3月　太原

目　录

概　述

人生礼仪民俗在个人与社会、个人与群体的关系中起着重要的连接与沟通作用。个人以不同的身份、角色进入社会，都是通过人生之中的各种礼仪实现的。人生礼俗集中地体现着各种民俗规范与禁忌，是民众日常生活、人际交往约定俗成的习俗惯制。

中华民族号称“礼仪之邦”，一个人从出生之前到死去以后，有许许多多的仪式和礼节。有些仪式和礼节是带有循环性的，如生日纪念，民间称“过生日”，每年一次，用来纪念一个人的诞生和成长。有些仪式和礼节只在人生关键时期才举行一次，如成年礼仪、婚嫁礼仪，虽然少数人可能在一生中结婚两次以上，但最为隆重的初婚礼仪却只有一次，而祭奠死亡的丧葬礼仪更是人生终止的必要程序。

山西民间把诞生礼仪、成年礼仪、婚嫁礼仪、丧葬礼仪称作人生“四大礼仪”。每项礼仪从始发到结束，都有一定的程序和丰富的习俗。山西人生礼俗因地域差异而各地不一，但总体上呈现出如下特点：

一、古礼保存较为完整。无论是诞生习俗中的分娩习俗，还是婚礼习俗，山西很多地方都保存着较为完整的一套古礼，

如沁水县土沃乡西文兴村柳氏家族人生礼俗、孝义贾家庄汉族传统婚礼仪式等，分别被纳入国家级非物质文化遗产名录和山西省级非物质文化遗产名录中。

二、旧的禁忌中迷信的部分，随着社会的进步，文明的发展，逐渐被人们所摒弃，但也有复兴的迹象。

三、现代山西乡村婚姻民俗从简，丧葬民俗却依然保持传统。因丧葬礼俗的神圣与孝道，老百姓在丧事上丝毫不敢越轨，不敢打破旧有民俗传统，但在民俗形式不变的情况下，也加入了许多新的民俗因素，如歌舞表演等“喜丧”的民俗内容。

新生命的开始

——诞生礼俗

诞生礼仪，是每个人来到世界上的开端之礼。由于中华民族的家庭结构是以血缘关系为纽带而组成的，婴儿的出生标志着血脉的继承，因此，婴儿的父母及其家族以至亲戚和朋友，都十分重视诞生礼仪。诞生礼仪的时间实际上较长，从青年男女正式结婚期盼怀孕生子开始，到孕育期、诞生期，再到一周岁，一直到婴儿期过渡到幼儿期为止。在山西多数地方，要延续到孩子满 12 周岁。因此，诞生礼仪也可以视作生育礼仪。

求子与送子习俗

多子多福的传统观念在中国可谓源远流长。“五男二女七子团圆”，是历代小说戏剧里大富之人的标志。最著名的是唐朝大将郭子仪，一生有七子八婿，富贵寿考冠绝古今，由此而上了《无双谱》，以此为题材的《满床笏》成了明清两代官场到民间的重头戏。《红楼梦》里贾府唱酬神戏，贾老太太因拈着了这出戏而喜出望外，就是典型的例子。

促成中国“多子多福”传统观念的原因是多方面的，但深究起来，中国几千年农耕文明是其根源。在传统社会中，固定在土地上的生产结构，使家庭的富足完全依赖于劳动力的多少，而解决的唯一办法就是多生多育。因此，多子多福观念的形成便不足为怪了。

《礼记·昏义》曰："昏礼者，将合二姓之好，上以事宗庙，而下以继后世也。"婚礼上的祝吉求子仪式揭开了上事宗庙、下继后世的序幕。随后，遵循着同样的主题，人们紧锣密鼓、热闹非凡地在礼仪领域里演出了一幕又一幕象征戏剧，这就是名目繁多的求子习俗。

一般来说，旧时的新婚夫妇一年之内就可得子。人们囿于"早生儿早得福""多生儿多得福"的观念，根本不考虑什么避孕、节育，在小夫妻的千恩百爱、云雨绸缪之中，便匆匆播下了绵延后代的种子。新妇得喜怀孕之后，丈夫、公婆、姑嫂自然是一番体贴、照顾，同时也不免到处求神问卜，占验、测试男女、贵贱。

青年男女结婚后，如果妻子久不怀孕，人们受迷信思想的束缚，长辈便着急起来，而那些嗣少的人家和长期不孕的妇女则更如热锅上的蚂蚁。古语有云："不孝有三，无后为大。"对中国人来说，绝了门子、断了香火简直是比天还大的事情，自然，人们在这方面花的心思也就多些。在中国传统观念中，姻缘天定，生育及生男生女也是由神佛主宰的。所以去寺庙中向观音菩萨、送子娘娘祈求，或请神灵恩赐，让妻子（媳妇）早生儿女，是民间最普遍的一种求子方式。

据《礼记·月令》记载，中国古代就有后妃祈嗣的礼仪。每当仲春二月、燕子飞来的时候，后妃便要到郊外去祈祷祭

奠，祈求子嗣。汉代以后，祈嗣礼仪的时间定在春分，事奉的神为姜嫄、简狄。姜嫄和简狄是中华民族的女始祖。据传，姜嫄踏踩巨人的脚印怀孕而生后稷，简狄吞食燕子卵怀孕而生契，人们把她们作为庇佑子孙绵延的神灵祭奉，很是自然。不过，这两位女神对普通民众而言毕竟有些高深。于是，民众在他们的生活中找到或创造了新的子嗣神。本来，灶王爷是管灶火的黑脸神，但因他与人们的饮食温饱密切相关，又颇为亲近，便成了民间一位重要的神灵。灶王爷每年腊月二十三要回一趟上界，向玉皇大帝汇报工作，于是，人们除了叮嘱他"上天言好事，回宫降吉祥"外，也央求他下界时"马尾巴上带个胖小子来"。

人们不仅寻找生活中那些熟悉的神灵，赋予其新的神性；而且创造新的神灵，赋予其一定的神性，来平衡自己的心理，满足自己的愿望。可以说，民间诸神中的送子观音就是这样被创造出来的。

在中国大地的每片佛山净土，几乎都供奉有送子观音。尽管有的供奉于金碧辉煌、灯明烟袅的佛殿，有的安置在穷乡僻壤的小石龛中，被烟熏火燎得面目全非；尽管有时尊称"观音"，有时叫作"奶奶""娘娘""婆婆"，但她总是一年四季受人事奉，有着享不尽的人间香火。送子观音与仪态庄严的观音菩萨大不相同，她怀抱婴儿，慈祥和蔼。她的手下还有一位

“送生哥哥”，男仆模样，肩背装满了泥娃娃的布褡，听候观音的差遣给人们送子。

在山西，民间还虚造了主管生育的神灵、偶像，如碧霞元君、金花夫人、子孙娘娘、张仙等，并为之立庙建祠。如太原市娄烦县始建于唐朝的圣母庙，每年农历三月十八日“圣母庙会”祭拜圣母求子的习俗，也一直传承至今。

从姜嫄、简狄到灶王爷、送子观音，再到圣母娘娘等民间众神，可以看出人们为了自己的意愿迷信、创造神的线索。

除了拜神灵祈子外，山西还遗留着通过原始生殖崇拜的方式进行求子的仪式。如太原晋祠圣母殿旁边，有两棵千年古柏，人称“周柏”，它们的树干上分别有凹形部分和凸起部分，久不怀孕的男女便到此地求子，并且用手抚摸。久而久之，那凸起部分和凹形部分被摸得异常光滑。这实质上是对人类生殖器的崇拜现象。假若以后真的怀孕生子了，孩子的父母就来还愿，并且将红布条系在保护周柏的围栏上。

求子习俗中还有一类常见的形式是由亲人或特殊人物向盼望得子的家庭及妇女本人做出象征性的“送子”举动。首先是送去某种事物，据说妇女吃了可以很快受孕，如中秋节有偷瓜送子的风俗。其次是送去带有多子多孙意义的某些吉祥物，如“孩儿灯”“麒麟送子图”或用口袋装好的百谷、瓜果等。

吕梁市柳林县就有这样的求子习俗。女子婚后不孕，家

晋祠唐槐周柏

里人就在正月十五这一天到别人家“偷”枣子或核桃，或到多子多孙的人家“偷”灯或面狗、面鞋，被“偷”的人家不但不责怪，佯装没看见，而且内心祈祷着他们如愿以偿，枣（谐“早”）得贵子。柳林以产枣驰名远近，每到秋季，山山岭岭、沟沟壑壑的枣树上挂满了鲜红的枣子，这里的枣子个大、肉厚、核小、色浓、味甜，相传曾被康熙皇帝御笔命名为“油枣”。民间把祈求多子多福，传宗接代的民俗心理，寄寓在特有的物产上，赋予枣子以深厚的民俗意蕴，祈求早（“枣”）得贵子。

晋北一带有正月十五“送糕灯”的习俗。“糕灯”是用黍米面捏制的一种面灯，圆柱形，上面凹形，倒入植物油，用棉花捻个捻子，正月十五晚上在社庙的神灵前点燃。熠熠闪光的糕灯，象征男孩。正月十六早晨，在社首的带领下，少年们敲锣打鼓，将糕灯送给结了婚但没有生儿子的人家。如果收到糕灯的人家生了儿子，则要在第二年的正月十五制作糕灯还愿，一直还 12 年。如此便周而复始，年年元宵夜晚点糕灯，正月十六送糕灯，形成一种“送子”习俗。这一习俗中还明显体现了重男轻女的观念，如果某位妇女怀孕生下的是女孩，则还要继续给她送灯，直至生了男孩后，才不给她送了。有些求子心切的妇女，则要在神灵面前“偷”灯或枣、核桃等，回家后偷偷吃掉，以便怀孕生子。

在忻州地区的繁峙县一带，有一种以胖娃娃为题材的人物面塑。同时，还有一种玲珑小巧、不加点染颜色、白胖素雅的小面人。这种小面人，有着爬、卧、抱花、啃瓜等各种姿态。有时，还将其置于染成大红大绿的“大面花”之中。相传，这类面塑是当地群众为上五台山佛教寺院拜佛求子而专门制作的供品。

在山西民间，还有人们利用生活化了的带有暗喻色彩的方法求子育婴的方式。在晋南地区，旧时男方送的彩礼是金银首饰组成的十大件，取新郎新娘全美之意，其中之一便是能够多

繁峙求子面塑

生子。“问名”时请算命先生看双方八字和属相，最重要的莫过于能否生子。这种习俗的形成虽然随着时代的发展而有所变异，但观念价值在百姓之中可谓根深蒂固。

在迎亲之日的习俗中，求子之意俯拾皆是，在山西农村广泛流行的有：女方准备嫁妆时要请财、子、寿都具备的全福之人；男方准备四季服装、被褥时也要请儿女双全的人。另外，请全人专为新郎理发，作为新娘的伴娘，为新娘开脸，这是类推和暗寓法，都寓祈子之意。

民间婚礼中的撒帐习俗本身就是一种祈子方式。撒帐，即在古时新婚夫妇坐床时，撒花果于帐，取其吉利和多生子女之意。新娘入洞房后，把小馒头、李子、花生、核桃、石榴等东西撒往床上，或者提前将这些东西放在被褥内，届时撒给来客。枣子、花生、核桃、石榴等物都具有早生、多生等寓意。

这种习俗在五寨一带称作“捞儿女”。“捞儿女”时一边把花生、红枣撒向众人，一边口中念念有词：“白女女、黑小小，跟上大妈吃枣枣。”在离石一带，撒帐用的核桃、红枣、花生要事先放在窗格内和炕上四角，炕上还放一张桌子。新娘进屋后，婆婆说道：“一桌桌生得杂，一盘凉菜把它压，麒麟（核桃）生贵子。状元、榜眼、探花。”祈盼得子之心溢于言表。在晋中，新郎、新娘的枕头由新郎父母在厕所旁装，边装边说：“白女孩、黑男孩，跟着爷爷奶奶吃饼子。”吕梁一带撒帐之后入洞房的新人需吃两碗“拌汤”，有“一拌两拌儿女兴旺，站在一圪洞。生下两板凳，双双儿女双双枣（早）”之说。临汾一带则要求新婚夫妇同床睡觉之前分吃枕头、被子里塞的红枣和花生，希望第一次入梦就能怀孕生子。

早生贵子（枣、花生、桂圆、莲子）

此外，对于婚后久不孕的妇女，还有吃喜蛋、偷瓜吃、拴娃娃、插花等习俗，据说很快就可见喜。诸如此类，不一而足。

孕期习俗

传统观念认为，生儿育女是人生一大喜事，故称怀孕为“有喜”“得喜”。山西中老年妇女的习惯用语是“有喜了”“有身孕了”“有身子了”，媳妇们的悄悄话叫“有了”。只有在城市中，比较习惯的叫法才是“怀孕”。多数孕妇喜食酸味水果，民间叫“害喜”“害口”。怀孕之所以称为“喜”，是因为意味着后世有人，可以传宗接代。同时也说明，娶来的媳妇是有生育能力的，这就为家族的人口繁衍报了喜。中国传统观念认为，“得喜”之中很重要的“喜”是在于有子。怀孕的妇女，当然不可能知道腹中是儿是女。但是，怀孕本身就意味着腹中胎儿是子，即便这次不是子而是女，下次也会生个儿子的。“喜”的内容也就包含在其中了。

“得喜”后要四处报喜。“得喜”的消息传出后，孕妇的地位也会随之提高，家中人会对孕妇采取保护措施。在孕妇“害喜”期间，强调孕妇的休息，不生气、少生气，使孕妇的身心保持良好的状态。

“得喜”之后，山西一般家庭都十分重视孕妇的饮食，尽可能满足她的食欲要求，加强营养，以使胎儿健康发育。《古今图书集成·人事典》载：“儿在胎，日月未满，阴阳未备，腑脏骨节皆未足，故自初迄于将产，饮食居处皆有禁忌。”尤其是对食兔肉的禁忌，直到今天，民间孕妇仍忌食兔肉，认为吃了兔肉生豁嘴婴孩。有的地方忌食葡萄，怕生葡萄胎。这些禁忌虽然没有科学道理，但是孕妇及其家人为了平安生产，在不自觉的情况下，都会遵守。

除饮食外，山西民间观念认为，妇女怀孕以后变成了特殊的人，因腹中多了一个胎儿，因而被称“双身人”“四眼人”。人们认为“双身人”“四眼人”不祥不吉，规定了许多约束禁忌，要求孕妇自觉遵行，也要求其丈夫或其他家庭成员对其监督。倘若触犯这些规条，孕妇及其家庭就要受到舆论的谴责，甚至受到应有的制裁。孕妇最忌参与红白喜事，不能做伴娘，不能参与铺床、撒帐，不能观看拜堂，不能见新娘，不能走花道……民间认为，婚礼上遇见“双身人”会一辈子不顺利。孕妇一般也不能参加丧礼，不能见尸体，不能到灵柩前，否则会影响胎儿。若是自家白事，守灵不能坐草而要坐小凳，送葬时不能进陵园，否则会使孕妇难产。此外，一些工艺性较强的生产活动也忌遇到孕妇，如晋南一带盖房子立木（上大梁）时孕妇不能在现场观看，认为看了对匠人不利。孕妇分娩前后严

禁丈夫进入产房。这一切习俗除了含有一定的封建迷信因素之外，主要的意义在于保护胎儿平安降生。

从以上诸多孕期禁忌来看，指向他人的禁忌，几乎都是迷信，荒诞至极；指向胎儿的，虽然很多也是荒诞迷信，但有些还是含有一定科学道理的。如孕期孕妇进行剧烈运动、情绪大起大落、处于噪声较大的环境中等都对胎儿有影响，甚至会引发孕妇血崩、流产。因此，还是要严格禁止、避忌的。

在中国传统社会里，孕妇生男生女并不仅仅是一个生理问题，而是有着深远社会意义的。它关系着一个家族或其中一支是否能够延续，是否能使祖先的牌位前香火不绝。也就是说，它关系到一个集团的社会存在问题。而生子的贵贱，也直接与家族的荣辱兴衰相关。因此，早在婚礼以及求子仪式中就有预测男女贵贱的小插曲。山西许多地方新婚第一夜有“听房”的习俗，一方面是想知道新人是否和谐融洽，另一方面则是想预测生男生女。如新郎先说话，生男孩；新娘先说话，生女孩；两人不说话，生哑巴。待妇女怀孕后，预测男女的习俗就更加丰富多彩了。

怀孕期间，山西民间经常根据孕妇的某些行为预测胎儿的性别。这种预测虽然都没有科学依据，然而，即使在经受了现代文明洗礼的当代中国，不仅在广大农村，甚至在城镇、大都市，也还有人在用传统的方式预测男女。时至今日，流传在民众中的预测或兆示男女贵贱的方法和俗信不下百种，常见的有：孕妇喜吃酸的，预兆生男孩，喜吃辣的，预兆生女孩，谓之“酸儿辣女”；孕妇过门槛时先迈左脚主生男孩，先迈右脚主生女孩，谓之“男左女右”；胎动激烈频繁主生男，胎动缓慢而少主生女；产前一两个月，孕妇脸色红润主生女，脸色贫血干裂主生男。对孕妇的梦境也有说法，梦见星入怀、吃枣、手玩石头，主生男；梦见蛇入怀、看花，主生女。从科学的角度看，上面这些预测纯属无稽之谈。随着人们对生男生女观念的逐渐淡化，预测胎儿男女仅作为孕期“趣事”，只求母婴平安就好。

怀孕以后，为了保证胎儿正常发育和优生，山西和全国各地一样，十分重视胎教。有所谓“妊娠三月，欲得观犀象猛兽珠玉宝物，欲得见贤人君子盛得大师，观礼乐钟鼓俎豆军旅陈设，焚烧名香，口诵诗书古今箴诫，居处简静，割不正不食，席不正不坐，弹琴瑟，调心神，和情性，节嗜欲，庶事清净，生子皆良，长寿，忠孝仁义，聪慧无疾”（孙思邈《千金方·养胎论》)。旧时山西士宦之家都认为孕妇耳不听邪音，目不视邪色，行端坐正，可以生一个好的孩子。古人凭经验和直觉注意到了妊娠期孕妇生活状况对胎儿的影响，已经接近现代科学的原理。医学专家指出：“妊娠期精神稳定的生活对母亲来说是非常重要的，依统计显示，一个在心理上容易动摇、心事太多的孕妇，比较容易患妊娠毒血症、害喜或妊娠并发症，甚至使孕儿早产。”因此，现在无论是乡村还是城镇，孕妇都很注重胎教。有孕妇的家庭尽量减少生活中那些影响孕妇情绪波动的因素（如动乱、吵闹、家庭矛盾等），营造安适、娴静的生活氛围（如朗诵诗词、散文，读小说，听轻音乐，看电视，观花养草等），使孕妇平安度过孕期，产下健康宝宝。

催生习俗

山西民间有出嫁的女儿绝对不允许在娘家生孩子的约定俗成。据说，孕妇在娘家生孩子，母子身体都不会好，对娘家亲人也不好。

生产之前，乡间往往是娘家人带上礼物、食品之类去探望临产的孕妇，希望女儿顺利生产。这一习俗称之为“催生”。山西晋南地区，孕妇临产前，娘家一般要派人来探望。催生礼一般有衣、食两项。衣有婴儿出生后所需用的衣服、鞋帽、包被、围兜及尿布；食有鸡蛋、红糖、长面、桂圆、核桃等，主要是为孕妇补身体。

此外，山西有的地方，常常由婆婆到“娘娘庙”里去烧香、祈祷，祈求产妇母子平安，也祈求早生贵子，祷祝神佛保佑。

百家衣

当媳妇有了身孕，双方老人就开始为迎接新生儿准备被褥、衣物、尿布等物品。现在市面上婴孕品牌种类繁多，应有尽有。过去限于经济条件，该准备的物品特别是衣物类都靠老人细针密线巧手缝制。旧时人们生育不受节制，且受限于当时的卫生条件，生下的孩子未必个个都能顺利长大，孩子夭折是常事。因此，如果谁家的孩子健康，他家孩子的衣物便会被别家拿去给小孩穿。有的人家还会专门收集人们裁剪衣服剩下的

百家衣

小布块，拼接起来，重新裁剪，做成衣服，称为“百家衣”。现在看不到这种衣服了，20世纪六七十年代，一个六七岁的孩子穿件百家衣和小伙伴们嬉戏，在农村是常能见到的情景。

分娩习俗

婴儿降生，山西称“添喜”，晋中、晋南又称“落草”“临盆”“添孩子”，也称“添丁”。旧时孕妇分娩，不准婴儿直接降生在炕上，说是怕污水冲了炕神，对产妇和婴儿不利，所以临产前要在炕上铺麦秸或谷草，让婴儿生在草上，谓之“落草”，后将草改为被褥。

其实，“落草”这一习俗源自于远古氏族时期人们对谷物的崇拜。先民们认为，谷子与自己的氏族有一种非常特殊的关系，是与自己生命相关的神灵。谷子被当时的人们选择出来作为生死概念的具象，它既是妇女生殖力的象征，又是妇女生殖原因的象征，并进而成为氏族的象征。因此，在以种植谷子为主的黄河流域的氏族公社中便产生了谷物图腾。将谷子作为图腾物的氏族，妇女生孩子时在谷草（带谷穗）上，是为“坐草”，孩子降生为“落草”。“坐草”在这时被人们看作是一项非常神圣的图腾仪式，在谷草上生孩子的整个过程，是妇女与谷子这一图腾物感应的过程。这样，谷子的繁殖与人的生殖便有了密切的关系。旧时人们认为，人的生殖所需的人种与谷子繁殖所需的谷种是一回事。许多民间传说，谷种乃仙女的精血所变，而妇女的精血由谷种所变。

但也并非山西所有地方都铺谷草，比如河曲县，因临黄河，旧时要从黄河滩取些沙土，用箩子筛过后摊在炕席上，以便吸收污水。晋中、晋南一带，则是在炕前放一大盆，让产妇坐在盆上，由已婚妇女抱着腰，接生婆接生，谓之“临盆”。

产前，民间一般都请一助产婆，称“收生婆”，由有经验的老妇充当，她必须是上有公婆、下有儿女的妇人，俗称“全人”，晋南又称“全奂人”。产婆在接生前一般都要在院中和中堂烧香，磕头，焚表，口中念念有词，多为祈求婴儿平安降生。晋中、吕梁一带则讲究分娩时，婆婆和孕妇都要扎红腰带，一来驱邪，二来象征吉祥如意。晋西南的浮山等地讲究从结婚时用过的枕头里取出麦秸铺到炕上，这些麦秸中曾放置过“面蛇”“面兔”，认为铺上麦秸后，有利于婴儿平安无恙。

山西人对产房有些特殊讲究，产房一般设在孕妇卧室，要求安静、暖和、不透风，产房的门要关紧，外边要挂棉门帘，即使盛夏，也密不透风。人们认为如果不这样做产妇就会得月子病，婴儿会“得四六风”（婴儿出生后，一般要用剪刀铰断脐带，旧时民间多不注意卫生，剪刀不消毒，婴儿常因此感染致死，民间称“得四六风”）。产房内除接生婆和必要的助手

外，其他人包括产妇丈夫一律不准进入。胎盘，也叫胎衣，农村讲究埋在粪堆里或磨盘下，城市里讲究埋在树下，总之是不能让人践踏，不能让狗吃掉，否则认为孩子不会长命。分娩时用过的麦秸谷草带有血，不能随便乱扔，或烧或埋，总之都要妥善处理。同时，还往往给产妇喝几剂由中药配制的生化汤，以便排除产妇腹中“恶露”。旧时，童子尿曾是生化汤的替代品。晋西南的万荣、河津等地妇女生下孩子后，产妇要吃一颗定心鸡蛋。

如今，山西城乡医院、卫生院普及，生孩子讲究科学、卫生，已经很少由产婆接生，大多数产妇是在医院生孩子，除非那些非常僻远的山区乡村。但埋胎衣的习俗依然保存下来，生产后的喜庆习俗在山西大部分地方也还流行。

报喜

婴儿诞生后，女婿要去岳父家“报喜”，一般在分娩的当天或次日去。去时多带煮熟的红鸡蛋，生男孩带单数，生女孩带双数。在晋东南高平一带，产妇生了小孩的当天，女婿要到岳母家去报喜，去时带上一个口小肚大的罐子（俗称酒孩），罐口系一条红布，还要捉上一只鸡，生了男孩用大红公鸡，生了女孩用带颜色的母鸡，鸡的腿上系一条红布。女婿一路上不得与别人说话，传说如果和别人说话，小孩的奶水就不够吃了。到岳母家后，岳母家请女婿吃面条，并挡回贺礼。晋南地区在产妇生下孩子后，用谷草绑成菱形，用红布做成小三角旗，书写“天仙送子”“麒麟送子”或“喜”字等字样，俗称“绑草”，然后家长宴请乡里。

产妇的娘家在得知女儿安全分娩的消息后，要馈送各种食物。雁北送小米和芝麻盐（芝麻和盐拌匀后压碎），供女儿喝米汤时就着吃。晋中祁县等地讲究生男孩吃饺子，生女孩吃烙饼，同时让报喜人带上小米、红糖等，有助于产妇下奶。而左权等地，娘家除了送补品外，还会抬食盒、捏老虎馍，给婴儿做从出生到大的几十身衣服、鞋帽衣袜等。浮山等地送“饽馍馍”，另外还送一个“面合子”，专给亲家母吃，愿婆媳能合得来。晋东南高平一带，岳母将女婿之前带来的罐子装满小米，并插上些扫帚棍，寓意为插上了妈妈孔（奶孔），预祝奶水丰满。晋南闻喜等地有给产妇带发面饦“火胁”（也叫“杠子”）的。

向主要亲戚报喜的同时，家里人以另一种方式向邻居报喜，俗称“挑红”“门标”“忌门”。“忌门”的习俗，山西各地都有。一来防止生人冲喜；二来是向邻里报喜；三来也作为一种符咒和象征，驱邪消灾，保护婴儿平安。晋中祁县等地要在产房门帘上用红布条交叉成十字，中间缝一铜钱。灵石一带

狮头帽（仅左权是分狮头女孩戴，虎头男孩戴）（上左）
虎头帽（上右）
布老虎（左权福虎）（下）

则是在窗台上放一炭块，生男竖放，生女横放。到了浮山地区则是在窗户上挂一张箩，箩底上贴一块红纸，谓之圈箩婴儿好养活。河曲一带在街门或街门对面墙上贴“喜贴”，生男孩贴红纸剪成的两个葫芦，生女孩则贴2寸见方的红纸。万荣、河津等地在门外竖一把谷草，生男泥草根，置于门左，生女不封根，置于右。定襄等地则有“挂红字”（又叫“看葫芦”）的习俗，一般用带根的秀谷和红布连接，扎成一束悬挂在产房门口，生男孩红布上系以弓箭和大蒜，生女孩则只系大蒜。（“蒜”谐音“算”，表示“文”，“弓箭”代表“武”，寓意文武双全，也有辟邪免灾、招财进宝、五谷丰登、文武传家之意。）吕梁山区妇女生孩子后，大门、小门、室外、厕所均贴红纸，男正贴，女斜贴。柳林沿川一带，男贴葫芦形，女贴正方形。晋南一般在产房和街上贴长二寸、宽一寸的红纸，男孩贴长方形，女孩贴石榴形。

邻居、族人接到喜讯后，马上就会送来鸡蛋、小米等物品表示道喜和庆贺。但在有的地区禁忌产妇坐月子期间探望母子，高平地区从产妇坐月子那天开始，在第 7 天、第 12 天不能探望。这都是为了防止外人把病气等带给产妇和婴儿，毕竟在刚生产的一个月里，产妇和婴儿的抵抗力都是最弱的。

现在随着通信技术的飞速发展，人们在孩子出生当天，就会在微信朋友圈中广而告之，并配上孩子的出生照，接受大家的祝福。亲朋好友收到信息后，会择日看望产妇和新生儿。

坐月子

产妇生下孩子后，便开始了为期一月的“坐月子”。坐月子时山西各地都讲究三日之内不准下床，一月以内不许出房

门，也不准上街，只准在室内吃、住。此外还有“忌门”的习俗，就是防止生人进入产妇房间。晋中、太原一带，凡家中有人“坐月子”，一般都在月内不大乐意让生人进入，而且不准生人在“坐月子”的产房房顶上来回走动，甚至包括猫之类的小动物在内，怕“踩”了婴儿，引起婴儿昼夜啼哭及其他不良反应。产妇房中只许产妇的妈妈、婆婆、丈夫等照料产妇的人入内，产妇的爸爸、公公等产妇足月之后才能见面。晋东南地区，从院子门口到坐月子的房屋，一路都放用小炭块压的十字形红纸条，一是提醒陌生人，二是辟邪。

坐月子期间，产妇多食鸡蛋，但每日有一定限量。尤其是不能食太饱，饱了会伤脾胃。在山西农村，大多给产妇吃小米粥、鸡蛋、挂面、面条。旧时晋中、太原乡间的习俗，坚持喝个把月的小米稀粥，以保持产妇的食欲及适当的营养。产妇所吃的食物，要求味道清淡，少食盐，不吃生、冷的食物。产妇坐月子，一般都要吃催奶的食品，像白水煮猪蹄、猪尾巴、鲫鱼汤等，也有人因缺奶而喝催奶中药的。

此外，坐月子期间，产妇要比平时多加衣服，前额要用帕子遮住，怕受风。坐月子期内，禁止产妇多说话，说多了怕弄成舌疾；禁止产妇干活，怕干多了弄成劳疾；禁止产妇看书用眼，怕看多了眼睛视力下降；禁止产妇用冷水洗手，怕弄坏关节。如今，随着科学知识的普及，产妇和婴儿的营养保健、穿衣吃饭都更加科学合理。但不论什么讲究或禁忌，其目的都是要照顾好产妇与婴儿的身体，怕闹出月子病来。

山西人的习俗，坐月子期间一般由产妇的婆婆照顾，满月后，产妇带婴儿回娘家住一段时间（有的地区是百日后回娘家），称为“搬满月”“出行”，该习俗流行于雁北、晋中、晋东南地区。“出行”讲究偶数月走，偶数月回，一般为一个来月。走时点一炷香，孩子怀中抱一本书，从房门口起沿途用炭块压小块方形纸，晋中祁县一带男孩用白纸或黄纸，女孩用红纸，一路摆放，直到外婆家。外婆家要给婴儿做各式各样的花馍，还要加戴银锁等。这都寄托了大人们对婴儿的美好祝福。如果孩子在外婆家长住，每次理发时都要在脑袋后留一撮头发，称为“舅父毛”，以此表示不忘舅舅家的养育之恩。

现在，城市中多为独生子女，产后在婆婆家坐月子的习俗，已改为由产妇的母亲照顾。丈母娘照顾，熟知产妇生活习惯，不会因生活习惯不同而坐不好月子。如果丈母娘与婆婆由于种种原因不能照顾产妇时，则由产妇的姐姐或妹妹从娘家前来照顾，侍候产妇满 1 个月后方才离去。

现代社会生活繁忙，小家庭人口简单，产妇生产坐月子，经常没有合适的人照顾。婆婆、丈母娘若在身边，还可帮忙；若没有婆婆、丈母娘在身边，那可是麻烦事。因此，月子中心、月嫂也随之产生，且需求量很大。月子中心，最初由台湾

传到大陆，迅速被人们接受。月子中心是为生产母亲提供专业产后恢复（即坐月子）服务的场所，也称为“月子会所”。会所有专业营养师负责给产妇提供月子餐，帮助产妇消除产后抑郁，尽快恢复身体，同时还能提供科学的喂养知识，有专业护士照顾宝宝。月子中心的费用较高，从两万到十几万不等，越是装修豪华，价格越高昂。

月嫂，是母婴护理师的俗称，专业护理产妇与新生儿。通常情况下，月嫂集保姆、护士、厨师、月子护理师、育婴师（母婴保健师）、早教师的工作性质于一身。太原月嫂的月薪一

某月子中心

般在8000～10000元。月嫂传统的服务期通常是新生儿初生的一个月（传统的月子是30天），月嫂属于专业人员，不同于一般的家政护理员，必须持证上岗。通常情况下，月嫂服务时间分为8小时和24小时，且绝大多数月嫂是在用户家里提供服务。

总之，山西民众对产妇坐月子这一习俗非常重视，决不掉以轻心，哪怕花再多的钱，也不会吝惜，目的就是保证婴儿及其产妇的健康与平安。

“三朝”礼

“三朝”，是婴儿诞生第三天所举行的礼仪，又称“洗三”。主要是给婴儿沐浴洁身。山西民间多用艾叶、花椒、槐枝等草药煎汤，由父母或接生婆为婴儿洗身，边洗边念祝词。洗后用红布擦干，再用姜片、艾叶捣碎涂少许于关节处，意在避瘟。有的地方还用葱轻轻打三下，葱谐音“聪”，取聪明伶俐之意。此礼俗唐时就有，宋时苏东坡曾有“况闻万里孙，已报三日浴”的诗句。

“三朝”的另一习俗是在门楣上插澉草，或称插谷草，主要流行于晋南。即用大红绸布条把10把干谷草扎16个菱形块，在中央插上一双筷子、一个大铲和两面小红旗，再钉上一

插谷草（插溉草）

只碗，小红旗上常写表示吉祥的词语，如“麒麟送子”“弄璋之喜”“长命富贵”“国家栋梁”等，挂在大门的中间，街门里照壁上也扎一把，都用麦草稀泥把每把的根部粘住，谓之“溉草”。然后放炮、焚香，邻里都来向主人贺喜，主人热情招待，请吃喜面。民间认为面条有长寿的意思，所以“三朝”这天均以面条招待亲友，家境好的吃臊子面，家境差的吃米剂子。

“三朝”这天，有些地方外祖母还要特地给产妇做芝麻面，俗称“展腰面”，并给婴儿戴上银锁。邻里好友则送红鸡蛋、颈锁，或送各种婴儿衣服，祝贺诞生，愿婴儿长命百岁。送红鸡蛋可能与传说中“简狄吞燕卵，而生商朝始祖契”有关，送颈锁意在锁住小孩，不让其夭折。

晋南“三朝”这天讲究吃开口奶。在产妇奶水未下来时，让婴儿先吃别人的奶水，一般是男孩吃生女孩妇女的奶水，女孩吃生男孩妇女的奶水，俗称“开口奶”。据说这样可以催产妇早下奶。在吃奶之前，有的地方让婴儿先舔食醋、盐、黄连等，寓意人生要经历许多艰难痛苦，人们希望婴儿在尝尽酸、苦、咸各种滋味后，能苦尽甘来，获得幸福。有的地方还讲究用一点产妇的奶水和面，做个很小的面餶拦，蒸熟后用红布裹好挂在产妇身上，意思是把奶拦住，要一直带到孩子“百日”方可以取掉。

晋中、晋南一带，产妇一般在第三天下炕。第一次下炕，出屋门，进灶房，都要烧纸，以谢炕神、门神、灶神。山西各地产妇在这天都要敬神，主要敬“送子娘娘”，供品为面桃、石榴，另外还要特别为送子娘娘用红纸剪鞋子，一般为 12 双，闰月为 13 双，慰劳其送子奔波。同时糊一个针线包和针线轱辘，让其缝联补绽。旧时都要到娘娘庙烧香磕头祭祀，如今民间多在自己院中敬献。

满月礼

婴儿降生一个月，称为“满月”“弥月”。为孩子办满月酒，

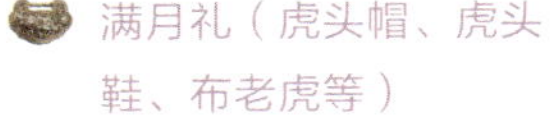

满月礼（虎头帽、虎头鞋、布老虎等）

忻州代县一带的奶头馍馍

民间称“做满月”“过满月”，这一育儿礼仪既是庆贺“添丁之喜”“家有后人”“足月之喜”，同时也是希望孩子长寿，流行于山西大部分地区。晋中、晋东南地区过满月的时间讲究男孩比实际满月早一天，女孩则晚一天。满月之后，产妇可以正常行动，针对婴儿及坐月子期间的许多禁忌被解除。

山西境内过满月，一般情况是由亲朋好友给孩子带上礼品，到家里做客，吃一顿“满月宴”。给孩子所带礼品，有小儿衣物、食品、小银锁等。无论礼物大小，饭是一定要吃。

晋西北的忻州、保德、偏关等地孩子满月时，姑姑、姨姨要给婴儿做狮虎帽、狮虎鞋，蒸面老虎、面狮子，认为狮虎能辟邪驱恶，婴儿穿戴上狮虎鞋帽，吃了面狮虎，就会逢凶化吉，遇难呈祥。街坊邻里的贺礼则多为婴儿的用品。晋东北的代县一带，流行送一篮子馒头，其中要有两个“奶头馍馍”，状如乳房，里面包糖，上面捏 7 个小面人，表示五男二女，七子团圆。人们认为产妇吃了“奶头馍馍”就能下奶。

晋中一带，过满月时姥姥家要送婴儿一个 8 斤面的“园圆”，同时送一对红布裹的银项圈，上带银锁。婴儿带上银项圈，每年加裹一层红布，直至 12 岁。祁县一带讲究主食吃面条和油糕，因面条形状长，取孩子能健康成长、长寿之意。糕取其谐音“高”，希望孩子芝麻开花节节高；也可以吃馒头，意取蒸口气，即“争口气”。这一天忌吃“包子”，怕孩子长大后窝窝囊囊，像草包一样。河曲民谣云：“头首首，胖娃娃，亲戚朋友送吃喝。三天豆面十二天糕，大过满月人不少。四大盘，带水饺，每人吃片软油糕。”

晋中南部霍县一带，孩子满月时外婆要做一个直径尺余的叫“囫囵”的馍，上面雕刻有精细的十二属相造型，孩子属什么，就在那个属相上点一个红点，谓之“点头脑”。“囫囵”中间放置精美的龙、凤或虎头，叫龙凤呈祥或猛虎驱邪。这个馍送给孩子，并分给来探望庆贺的亲友吃，取免灾之意。等孩子百天、周岁时，外婆也要做相似的大花馍馍或十二属相，造型或拙或巧，或雅或俗，丰富多变。

晋西南的闻喜等地，过满月时互相有亲戚关系的许多家人联合起来，买好三百尺的布料，再把各家买好的小孩衣服用

满月花馍

满月虎馍

别针或是线简单地缝在上面。孩子满月当天把这块别好的布料挂在产妇家院子上方。客人中的妇女，往往要到房中看望一下过满月的孩子及其产妇，还要把事先准备好的红线挂在孩子的脖子上，红线上拴着送给孩子的零花钱，以示祝贺。另外，新绛、襄汾一带，姥姥家还要送 7 斤面做的大厚饼一对，俗称“杠子”“旋子”，半斤面做的小厚饼数十个，俗称“圪栏”。新绛、稷山、闻喜一带是送约三两重的厚饼，俗称“琵琵”，生男孩送 99 个，生女孩送 101 个，意指将来婚姻彩礼，男方取欠缺，女方则多多益善。产妇家要将送来的面食分送亲友，分享庆贺之喜。

晋东南地区过满月时，亲戚邻里都来祝贺，赠礼为一个大馒头，大馒头上塑以羊为首的十二生肖。

晋南农村过满月是很隆重的。做满月时，姥姥家做各种小儿衣服，少则 24 身，多则几十身，还要做各色各样的帽和鞋，以及许多小饰件，如狮子帽、老虎鞋、虎肚兜、花围嘴等。此外，还要送一些贵重的银饰品，如银锁、银项圈、银镯子等。

山西大部分地区的满月礼中还有“剃头”与“出行”的习俗。满月剃头也叫“铰头”“剃胎发”“落胎发”。剃头时，一般要求婴儿舅舅在场，婴儿前额顶（前脑门）还要留约一至二寸见方的胎毛，俗称“聪明发”，有的地方称“撑根发”。又因“毛”与“髦”同音，“髦”常用来指英俊杰出的人，表达了家人望子成龙的殷切希望。这两种胎发一般都留到九岁或十二岁才可剃掉。婴儿的胎发又称“血发”，《孝经·开宗明义章》载：“身体发肤，受之父母，不敢毁伤，孝之始也。”所以留胎发也是表示对父母的尊敬、孝意。有的地方将胎发用红布包好，缝在小孩的背心上。民间认为血为精气之本，胎发则为血余，佩戴在身，可以消灾避难，一个习俗满足了两种心理愿望。现在很多年轻家长会把孩子的胎发做成胎毛笔或者吊饰等，当作

胎毛印章

永久纪念品。

在山西的一些地区还讲究“撞喜”，即家人请一位儿女双全的长辈抱着满月后的婴儿出门，如果见到的第一个人是上有父母，下有子女，本人有妻子或丈夫的“全福人”，这个人就要接过孩子，抱回家重新送给婴儿的母亲，主人将以红包相谢。人们以此祝愿孩子能像他撞见的“全福人”一样，成年后有个幸福美满的家庭。

百天礼

在中国传统的观念中，“百”是一个很重要的数，被涂上了浓重的文化色彩。在语言的实际运用中，许多时候它已经不单单是一个数目，而明显地含有“圆满”“完全”的意思，“百喜”“百福”“百禄”“百寿”中的“百”都是如此。因而，婴儿出生满百天时人们要举行庆贺、祝福的“百日礼”，并且在“百”上大做文章。

婴儿降生100天为“百日”，又称“百晬”。宋代《东京梦华录》中云：“生子百日置会，谓之百晬。”民间以长命百岁为吉，遂演化为“百岁”，含有祝愿孩子长寿之意。此日称贺，谓之“过百岁”“做百日”。

做百日时，雁北、忻州、晋中、晋南、晋东南、吕梁等

百天囫囵馍

地，都讲究蒸“套颈馍”，有的地方叫“牛由连”“面囫囵”“串玲”，大的可以套在婴儿脖子上，小的可拴在项链上，意为拴住、套住，使婴儿长命。晋中蒸“面囫囵”用面以8为吉祥，如8斤、18斤。“面囫囵”上捏米粮囤、各种动物、九个石榴和一个佛手，蒸好后还要用彩笔着色，使所捏物品形象逼真。敬献之后，婴儿象征性地戴一下，然后家长将其分切百片，散发亲友，受赠者必回赠礼钱，钱不规定多少，心意而已（同上文所说的满月囫囵馍一样）。

周岁礼

婴儿出生满一年，古称“周晬”，现称“周岁”，俗谓之“过生日”。此时家人要举行庆贺，进行祝福。在山西，周岁与“三朝”“满月”相比较，不太受人们的重视，仅限于家人及主要亲戚庆贺。晋中习俗是本家和姥姥家均要蒸九个石榴、一个佛手敬神祝贺。晋南地区习俗是婴儿的姥姥、妗妗、姑姑、姨姨蒸“骨架”，意思是给婴儿安腿，让孩子走路。此外，山西各地在周岁礼时都讲究送衣、帽、鞋等。男孩帽子多做麒麟、老虎、狮子帽；女孩则是鱼帔、莲花八宝等。鞋多为虎头鞋，鞋尖虎头中间还要绣一“王”字。民间认为虎为兽中之王，孩子穿上虎头鞋就可以壮胆、辟邪，长命百岁。除了虎头鞋，还有狮、龙、牛、豹、羊、兔、猫、狗等“兽鞋”，这些都是生命力极强的动物。各地讲究送鞋不少于两双，多的有五双、七双，均取奇数，忌用偶数。孩子穿兽鞋，一直要穿到三四岁。

周岁时还要举行“抓周”仪式，亦称“试周”“试儿”，用以预测小孩将来的志向爱好。早在宋朝就有此习俗，称“试晬”。《东京梦华录》中记载：“周晬，罗列盘盏于地，盛果木、饮食、官诰、笔、研、筭、秤等，经卷、针线、应用之物，观其所先拈者，以为征兆，谓之试晬。此小儿盛礼也。”清代《清稗类钞·风俗类》中记录了当时民间抓周的情景：“周岁，小儿之生及一岁者也。古时，儿生一期，设晬盘于儿前；男则用弓、矢、纸、笔，女则用刀、尺、针、缕及珍宝玩物，置盘中，观其发意所取，名之为试儿，今亦有之。富贵之家至有演剧侑觞以娱宾客者，客皆有所馈，其丰者为金银饰器、绸缎衣料。”《清俗纪闻》中还绘有“周岁抓周图”，桌上放置有书、算盘、笔、钱、印，以抓周来试孩子的前途，如抓到书长大就是读书的，抓到算盘就是经商的，抓到印就是做官的。

抓周

山西各地至今大都仍有此俗，一般是将笔、书、算盘、刀剑、丝绸、脂粉、玩具等各样物品摆放在孩子面前，让小孩随意抓取，以预测其志向。如果孩子先拿了书、笔，便预示着孩子长大后喜欢念书，是读书人，这样，自然合家欢喜了；如果是先抓了尺子和剪刀，自然是预示着孩子长大当裁缝；如果是先抓了吃的食物，就说明孩子长大了爱吃；如果抓到了玩耍的物品，就说明孩子贪玩。总之，“抓周”的仪式，其实是寄托了上一辈人对下一辈人的希望。

抚养

为了把孩子养大成人，人们费尽心思，想出许多办法，这些办法世代相传，逐渐演变成种种习俗。

晋中一带，当奶奶的要背负孙儿走街串巷，到各家讨取少量米面和小布块，称“讨百家”。回家后，用米面为孩子做饭，用布块拼凑起来做成小衣服给孩子穿，称为“百家饭”和“百家衣”。民间认为穿百家衣就有百家保护，可以长寿，有的孩子常穿到周岁才脱掉。晋南临汾等地，讲究用奶奶穿过的旧蓝布衣服给孩子改制小衣服，“蓝”和“拦”谐音，表示孩子穿上这种衣服，生命就有了可靠的保证。

山西各地都流行着戴“长命锁”这一育儿习俗。早先的长

长命锁

命锁多为银质，为古式锁状，一般正面镌刻着“长命富贵”“长命百岁”等字样，背面镌刻着麒麟图案，表示“麒麟送子”，也有刻“龙”“虎”“寿”等字样的。人们把长命锁戴在孩子脖子上，表示根基永固，吉祥长命，并祝福孩子以后龙腾虎跃，前程远大。

雁北一带还讲究每逢生日和春节给孩子挂“红线锁”。《大同府志》记载：“男子生弥月或周岁，差红线锁戴之。”红线锁是用红丝线或五色线编成线辫，连起来挽一个结作锁，有的下面还要坠数枚铜钱，然后在神像前点燃供神的红表纸，把线辫燎一燎，给孩子戴上，以此祝愿孩子无病无灾，平安成长。孩子长到 12 岁后，要戴上所有的红线锁去神像前献供还愿。

值得一提的是，晋南浮山等地还有两种较为特殊的锁：一种是“脐带锁”，即孩子出生后，家人把剪下的脐带用红布缠裹缝合，两头缀上纽扣连接起来，类似于红布项圈。脐带曾是胎儿的生命线，在人们的心目中又以锁的形式把孩子的灵魂、生命和身体紧紧锁在一起。另一种是铁项圈锁。这种锁是用破旧棺木上废弃的 7 颗铁钉，请铁匠在更深夜静、星斗出齐后，以黑驴蹄子当锤头打成的。虽然掺杂很多迷信成分，但其目的都是表达孩子未来可以驱恶辟邪、康泰无恙的好意。

忻州一带如有人家生了男孩后，次年元宵节期间，该家在街上垒旺火、架灯山、请响班，热闹庆贺，谓之“点灯”。亲朋好友们都带花馍、礼炮、酒馔前往扶灯，以借百家之福，护佑孩子健康成长。

抚养习俗中，给孩子起奶名，又叫“乳名”“小名”，也是流行于山西各地的抚养习俗。“歪名好养活”，人们认为奶名起得不好听，阎王爷也不想要，因此孩子就不会夭折。人们给孩子起的奶名，如“毛亲”“臭臭”“狗狗”等，虽然是歪名，其中却有相当大的亲昵成分。有的奶名具有符咒作用，如“拴柱”“锁柱”“引弟”“改花”等，表达了人们对孩子命运的关注或对男孩的期盼。更多的奶名则寄托着人们对孩子的良好祝愿，如男孩叫“铁蛋”“天才”“金龙”“来福”“有富”等，女孩则叫“牡丹”“百灵”“金花”“秀兰”等。奶名往往一直被长辈沿用，有的甚至代替了学名。现代，随着医疗技术的进步，孩子的夭折率逐渐降低，年轻的父母们对于“乳名”多采用食物、英文等可爱的名词，不再拘泥于“歪名”，如“土豆”“布丁”“芝麻”“Mia”“Jackson”等。

生命的成长记录

——成年礼仪

开锁礼

在山西民间，成年礼中最为隆重的是开锁仪式。前文所述，当婴儿过“三朝”和满月时，奶奶、姥姥、姑姑等赠送给婴儿的贵重礼品就是银锁，锁上铸有“长命富贵”“三元”“百庆”“麒麟送子”及柏叶等吉祥文字或图案，锁上或配银项圈、或配银项链，挂到婴儿的脖子上，以图吉利，祈盼孩子健康成长。长命锁在满月、周岁、3岁的当天，一定要佩戴，平常则可不戴。待到孩子12岁时（晋南地区是13岁，晋东南地区是15岁），人们认为其已经顺利长大，于是便举行庄严的开锁仪式，开锁前要通知亲友前来参加。

开锁日期的选择，因平年、闰年的不同而有所差别。平年日期要比生日短两月，若逢闰年，则提前一年开锁，日期要比生日长两月。

开锁仪式各地有所不同。晋北河曲一带是把12年来亲友送给孩子的所有红线锁都挂在孩子的脖子上，再挂一把旧式铜锁，请孩子的干爹、干妈用钥匙将锁打开，即为开了锁了。大同的开锁礼称“圆锁”。届时，亲朋前来祝贺，豪华排场不逊色于婚宴。开“圆锁”时，还要为孩子捏面锁、面人，并将面锁套在孩子的颈上，意即套牢幸福，套牢吉祥。

太原地区在开锁礼的时候，会剪掉孩子自出生起就一直留在脑后勺的一缕胎发。晋中平遥一带，孩子 12 周岁时要举行“打糅儿”的仪式。“糅儿”是用高粱秸制作，三角形，每边长约尺许，缚以彩纸。12 岁时，让孩子戴上“糅儿”前往娘娘庙祭祀献供，然后将“糅儿”烧掉。祁县一带，每年春节父母亲友都会送孩子线绳锁，即用红头绳穿上铜钱，1 岁时穿 3 个，2 岁时穿 4 个，3 岁时穿 5 个，以此类推，11 岁时穿 13 个。到孩子 12 岁生日时，跪在神灵前，将所有线绳锁上的铜钱拆下来，放入簸箕中，仪式主持人将铜钱抓起往地上抛撒，口中念诵祝词，边念边用苕帚在孩子身上扫几下，祝孩子继续通通顺顺。

上党屯留一带的开锁仪式又称“圆羊仪式”。“圆羊仪式”一般在中午举行。时辰一到，就把所有亲朋送来的羊和礼品都摆在院中央的大桌子上，把头绳拴的锁子戴在孩子的脖子上，同时再戴上一条铁链子，用铁锁将铁链的两端锁在一起，先面对天地爷烧香叩头，再向家长叩头，最后孩子的母亲要头戴毛巾站在孩子身边，陪着孩子叩头，然后用不同姓的三个人为孩子开锁，口里还要念诵“长大了，开窍了，一定有出息”等词。操办圆羊规模的大小要根据自家的经济实力和社会交往而定，但圆羊的形式和操作的程序基本相同。圆羊要看吉日举行。这一天，姥姥家要施展一番自家的实力。首先，要带上 3 ～ 5 个

用面粉蒸的大羊，羊的眼要连接在一起，不能断裂，成为圆形；蒸 15 个小羊、4 个羊馒头和一条用 5 尺多长红头绳、17 个小铜钱（一岁一个钱，再加天一个、地一个）拴起来的“锁子”，以示长大成人后，要像羊群一样，人旺性温。其次，还要带上被子、毯子、衣服和一些相关的礼物。

晋东南长治、晋城等地的开锁仪式是，在开锁的孩子头上顶一个斗，挂一条锁链，用三把普通的锁锁上，然后拿一把烧火用的火柱扎在三个馒头上，孩子的姥姥和奶奶分别拿擀面杖砸三下（如姥姥、奶奶去世了，可以由其他同级别长辈代替），然后分别由舅舅（姨姨）、父亲和姑姑（叔叔）三人各开一把锁；如果亲戚少，可以让邻居和同村人代替。然后舅舅或叔叔拿一把巨大的扫帚，扫帚上挂满了由铜钱（由于铜钱逐渐稀少，

开锁圆羊馍

 面锁

近年来已由纸币代替）、红枣、红布条组成的物件。开锁的孩子在前边跑，舅舅在后面边追边打，物件纷纷掉下来，跟在后边的孩子们抢作一团。开锁的孩子跑出院门后，要躲开舅舅的追打，一直跑到离家最近的小商店。他身上背着一个包，包里放着一个面蒸的“羊形”馒头，用这个“羊形”馒头在小商店换一把盐，然后返回家。

晋南运城、临汾一带农村的开锁礼是把 12 岁孩子出生时的脐带挂到野外的高处。这时的脐带已经不是刚剪下来时的样子了，而是用红布包了十二层（每年包住缝一层）的已经干了的脐带，呈月牙形。到开锁那年的生日时，父母派人将脐带送到野外高处悬挂，越高越好。这意味着孩子将来前程远大，有出息，亦是一种望子成龙的表现。

山西民间开锁仪式多种多样，最终目的都是要给那些即将成年的孩子打开智慧的锁链，让这个年龄段的孩子从幼年的蒙昧中解脱出来，踏进少年的行列，向着成人成才的方向发展；让孩子感到自己已经脱离童年，产生加入到大人行列中的信念，自立起来，摆脱依赖心理。

寄养习俗

与成人礼相对应，山西民间还有一种寄养习俗。旧时，孩子容易夭折，好不容易生个男孩，家人自然比较金贵，于是就形成寄养习俗。

当小男孩一生下来，就由生父抱上，到预先说妥的子女多的人家去“寄养”，去时要带 12 个大礼馍和香火、酒水，在天地爷前摆供、烧香、祭拜，将寄养家庭的父母认作孩子的干爹、干妈。孩子的名字，也要随寄养家庭孩子的名字往下排。如寄养家庭的孩子叫“庆生”，被寄养的孩子则叫“庆寿”或“祥生”。然后，再将孩子抱回自家抚育。有的地方把这一仪式称为“认干爹干妈”“认义（父）”。以后每逢生日，父母都要领孩子到干爹家举行仪式。到孩子 12 岁时，举行开锁仪式，孩子父母要赠给干爹、干妈一身衣料，寄养家庭给孩子一只碗、一双筷子，口中念叨：“俺娃长大成人了，回去吧，不要来了！”寄养关系便告结束。

“认干亲”在山西各地都有，以雁北、忻州、晋中、晋南最为普遍。乡间习俗，一旦认干亲，凡事都须按乡间交往的一般程序进行，如过年、过节、寿诞、生日，都要按乡间礼俗程序去做。做干儿子的，平时要照料上了年岁的干爹、干妈，尽一些做干儿子的义务，从经济上也要给予一定的支持；而干爹、干妈，对于干儿子的娶妻、生子、盖房等重大活动都要过问，而且给予必要的支持与资助。

山西乡间的认干亲，随着社会的发展，已经越来越少，但在一些地方仍存在着，这是一种特殊的亲戚关系，成为社会关系网络中的一个侧面。

本命年习俗

“本命年”这一说法早在西汉时期就有了，这跟中国的生肖文化有着密切的联系。在中国古代，人们采用的是干支纪年法，即用甲、乙、丙、丁等十个天干和子、丑、寅、卯十二地支的组合来纪年。同时为方便记忆，人们采用了生活中和人类关系密切的鼠、牛等动物和具有图腾意义的动物来与十二地支相对应的方法，每年用其中的一种动物作为这一年的属相。本命年就是十二年一遇的农历属相所在的年份，又称属相年，这

也是原始图腾崇拜的一种生活化反映。本命年就是按照生肖属相循环往复推算出来的，一个人出生的那年是农历什么年，那么以后每到这一属相年便是此人的本命年，也就是说，每十二年就是一个本命年。

在山西人民的风俗习惯中，常常认为本命年是一个不吉利的年份。有句俗语："本命年犯太岁，太岁当头坐，无喜必有祸。"所以本命年又被称为"槛儿年"或者"门槛年"。"本命神"也随之被创造出来。本命神的说法来源于道教。道教吸收民间流行的"本命"说法，提出"本命星""本命年""本命日"的理论。凡本人的出生年在六十甲子干支之年，叫本命，元辰，也叫本命年。对于本命神，有的地方叫"本命守命星君"，有的叫"本命元辰"，统称为六十甲子神。以甲子年为首，六十年内不同年份出生的人都能找到属于自己的本命神。

正是由于本命年的神秘色彩，自然而然地衍生出许多信仰习俗。其中流传最广的当属人们在本命年系红腰带和穿红内衣，也有在衣服上系红布条的，认为只有这样才能趋吉避凶，消灾免祸，幸福安康。红色就成了本命年的主流色彩。说起红腰带习俗，在晋南民间还流传着这样一个故事：话说当年刘秀被派往河北清剿王莽的残余势力。战事告捷，凯旋途经闻喜县，便慕名前往传说中发生过"董父豢龙"的董泽湖。不想天色将晚，路遇劫匪。而刘秀恰恰又带了很少的随从，慌乱中，

本命年红腰带

刘秀杀开一条血路，夺路而逃。劫匪紧追不舍，刘秀逃至一农舍，被一老人藏入茅厕中。晋南的民居小院，都是一家男女共用一厕，但凡有人如厕时，就在厕门上挂个东西，以防尴尬。刘秀藏入厕中后，老人忙从屋中取出女儿的红腰带挂于厕门，就这样骗过劫匪，救了刘秀。东汉王朝建立后，刘秀便号令天下，每年的农历十一月十五日，人们都要佩戴红腰带，以示纪念。再后来红腰带被赋予了特殊的寓意，慢慢地演变为本命年的习俗。

生日习俗

每逢生辰，山西各家都要举家庆祝一番，或做一碗长寿面，或大宴亲友和宾客。一般 50 岁以下“做生日”，仪式相对简略一些。较有特色的是晋南襄汾一带，该地区有“三十石榴四十桃”的说法，即一个人满 30 岁，亲友要送面石榴祝贺；

满 40 岁，则要送面桃。运城一带有“过 30 不过 40”的说法，即从 30 岁开始庆寿，但 40 岁不庆，忌讳“四”与“死”谐音，50 岁寿辰再庆。在晋中一带，家人过生日当天，早饭全家吃一顿“和和饭”，即由小米、面条、菜蔬制作的杂饭，以取全家人和和气气之意。中午吃饺子或油糕，取步步高升之意。有的人家，则是给过生日的人添置一两件新衣服表示祝贺。

旧时山西各地，年满 40 岁或 50 岁以上的人过生日被称作“做寿”，又名“祝寿”。随着医学的发达，人们的寿命比旧时长了许多，所以现在山西民间，寿礼一般是从 60 岁开始，逢 60 岁、70 岁、80 岁都较隆重地庆贺一番，称作“过 × 十

酒店寿宴装饰

大寿”。

山西民间过寿有一种说法“做九不做十”。意思是说，遇到整十岁寿辰时，要提前一年过。这是因为民间认为“十”与“死”同音，含有终结的意思，表示到头了、满了，非常不吉利。而“九”与“久”谐音，表示老人长寿，一定会活得更久，所以就有了“做九不做十”的说法。关于“做九不做十”，民间还流传着一个故事。

有一次，神仙张果老在花果山遇到了一个砍柴的年轻人，看完他的面相，对他说：“年轻人啊，你的阳寿快到头了，明天午时三刻就会死去。你赶紧回去准备后事吧！”年轻人得知眼前的人是张果老，立即跪下来，说：“我家中还有年迈的母亲要奉养，请您一定要救我一命。”张果老被他的孝心感动，就给他指了一条生路。

次日，张果老邀请了一些神仙以及阎王爷到水帘洞孙悟空那里畅饮。这些驾云飞行的神仙在花果山上空看到半山腰摆着一桌丰盛的酒席。众仙人闻到酒香，立即降落到了桌前，大喝起来。酒过三巡，躲在不远处的年轻人收到张果老的信号，便走到桌前对众仙人说：“各位，我的这桌酒席是为了给仙人和阎王爷吃的，以便能增加我的寿命。如今你们吃了，我可怎么办呢？”众仙人听了，一时不该如何是好。张果老故意问年轻人：“你年纪只有19岁，为什么要增寿呢？”主管生死的阎王爷赶

紧查看生死簿，发现这个年轻人会在今天午时三刻寿终。众仙人一听都很吃惊。这时，张果老建议阎王爷为年轻人增寿，其他仙人都表示同意。刚开始阎王爷害怕违背天条而不敢改生死簿，幸好最终在众仙人的劝说下，阎王爷觉得吃了人家的酒食也过意不去，就在十九前加了一个九。于是，那个年轻人又多活了八十年。后来，民间根据这个故事，演化出了一种习俗，即“做九不做十”，目的是延年益寿。

在山西，为家中老人祝寿时，家人会置办酒席，老人越高寿，规模越盛大。亲友也来祝贺，送寿酒、寿桃、寿面、寿

寿桃花馍

联、寿幛、寿屏等，寿酒谐音“寿久”，寿桃为白面蒸制，桃嘴要点染红色，称为“拜寿”。

亲友到齐后，时近中午先让寿星暂到邻居家小坐，然后众亲友在鼓乐声中将寿星迎回，先烧香祭祖，接着请寿星坐在太师椅上。如二老都长寿，即并坐上座，如失去配偶，要请与寿人同性别而年龄相仿又相知的人为其陪寿，孙媳在椅子后侍立。然后子孙磕头祝寿，亲友依次祝寿，这时还有鼓乐伴奏助兴，气氛欢快热烈。

接下来就是寿宴，宴席名为“八仙庆寿”，八碟八碗，酒醉而尽兴。祝寿时民间讲究“早面午席”，即早饭要吃长长的面条，寓“福寿绵（面）长”，午饭设置席宴。无论早面还是午席，都必须有蒸好的面桃，每人吃时要将涂红的桃尖摘下放入一只盘中，敬献给寿星，名曰“献寿”。寿星自不会吃，但礼仪必行。据说，这一礼仪是由春秋战国时期的孙膑传下来的。

相传，孙膑18岁离开家乡，到云蒙山拜鬼谷子为师学习兵法，一去就是12年。这年的五月初五正好是老母亲八十大寿，孙膑便想：“羊有跪乳之恩，鸦有反哺之孝，禽兽还知恩达礼，我却整整12年未报母亲的养育之恩。”于是，他向老师鬼谷子请假，要回家看望母亲。鬼谷子摘下一个桃送给孙膑，说：“这桃我不轻易送人，送给你一个，带回去给令堂上寿。”孙膑

谢别师父，便匆匆上路了。再说孙膑家中，这天大摆酒宴为老母亲庆寿。老母亲想起多年未见的孙膑，心里难过，便哭了起来。正当一家人劝慰老母亲时，孙膑回来了。他把桃子送给老母亲，老母亲咬了一口，说："这桃比蜂蜜还甜。"桃还没吃完，老母亲的容颜就变了，雪白的头发变成了如墨的青丝，掉了的牙又长了出来，脸上的皱纹也没有了。人们听闻此事，也想让自己的父母健康长寿，便效仿孙膑，在父母生日的时候送寿桃祝寿。

祝寿一般都讲究要吃长寿面。相传，汉武帝既崇信鬼神又相信相术。一天，汉武帝与众大臣聊天，说到人的寿命长短时，他说："《相书》上讲，人的人中长，寿命越长，若人中 1 寸长，就可以活到 100 岁。"坐在汉武帝身边的大臣东方朔听后就大笑起来，众大臣莫名其妙，都怪他对皇帝无礼。汉武帝问他笑什么，东方朔解释说："我不是笑陛下，而是笑彭祖。人活 100 岁，人中 1 寸长，彭祖活了 800 岁，他的人中就长 8 寸，那他的脸有多长啊。"众人听了也大笑起来，看来想长寿，靠脸长长点是不可能的，但可以想个变通的办法表达一下自己长寿的愿望。脸即面，那"脸长即面长"，于是人们就借用长长的面条来祝福长寿。渐渐地，这种做法又演化为生日吃面条的习俗，称之为吃"长寿面"。这一习俗一直沿袭至今。山西临汾一带，把浇汤面或臊子面作为"长寿面"，席间，宾客在吃第

长寿面

一碗时，要把面挑出一筷子，搭在事先放在饭桌上的一根大葱上，名为“添寿”，意在祝福老人益寿康宁。

老人活到 80 岁，便被誉为老寿星。80 岁做生日为大庆，称为“过大寿”，又叫“庆八十”，其仪式自然比“六十花甲”更为隆重。除了各种带“寿”字的礼品外，人们还常用“富贵耄耋图”作为贺礼。图中下方画一株盛开的牡丹，几只飞蝶于花上盘旋，几只小猫匍匐花下，做欲扑蝶之状。古代 70 岁称“耄”，80 岁称“耋”。猫、蝶分别谐音耄、耋，民间又称牡丹是富贵花，三者组成的画面，即表达了“富贵耄耋”之意。

现今山西各地为老人祝寿的风气仍十分盛行，但较过去要简单多了。除寿桃、寿面外，还有长寿蛋糕。城市中，会去饭店设宴庆贺。在农村，有的则当晚放一场电影或请个戏班进行

耄耋富贵图（清 · 司马钟）

表演，让全村人欢乐一番，体现了中华民族尊老、敬老的传统美德。

此外，雁北、忻州的一些地方还有给老人做“寿材”（即棺材）的习俗。一般讲究在有闰月的年份做，而且最好是在闰月里做，所谓“闰年闰月一百岁”。在立帮安底的那天，儿孙还要烧香祭献，鸣放鞭炮。同时把一段红布系在棺帮上，让一个不满 10 岁的小孩从棺木框内钻过去，以此祝福老人长寿百岁，称为合龙口。晋东南有些地方在给老人做寿材时，木工讲究先用铸斧把原木砍一下，以木屑飞出的远近，占卜老人的寿命。寿材做好以后，木工除应得工钱外，各地都有额外给其“花红礼施”的讲究。同时还要邀请亲友、邻里举行上寿活动。

人生四大喜事之一
——婚姻礼俗

婚姻，是人生礼仪中的又一大礼，俗称“终身大事”。

婚礼乃人生大礼，向来为中国人所重视。早在两千多年前的《礼记·昏义》中就云：“昏礼者，将合二姓之好，上以事宗庙，下以继后世。故君子重之。”初婚夫妇“敬慎重正而后亲之，礼之大体，而所以成男女之别，而立夫妇之义也。男女有别，而后夫妇有义；夫妇有义，而后父子有亲，而后君臣有正。故曰：昏礼者，礼之本也”。由此，古人创设了一整套繁冗复杂的婚姻礼仪，后世传承过程中，虽有遗失与变异，但婚姻礼仪作为一种世代相传的文化现象，在演进过程中具有很强的传承性和稳定性。

自古以来，山西和全国各地一样，婚姻礼仪都遵循着周代即已确立的“六礼”，即“纳采、问名、纳吉、纳征、请期、亲迎”这六种从议婚至完婚过程中的仪式和礼节。随着社会的发展，“六礼”的程序不断得到简化。尽管山西各地区之间的婚俗不尽相同，但总体来看，有由繁到简的演进趋势，人们把注意力较多地集中到了结婚当天的仪式，以及亲迎之后的合卺（新郎、新娘喝交杯酒）、闹新房和婚后的回门等仪礼上。其余的程序渐趋简化。

议婚

议婚，又称“议亲”，是商议男女婚姻之事的最初阶段，旧时包括“求婚”“过帖”“相亲”等几道程序，到准备订婚为止。在这一过程中，往往是由男女双方父母根据对方的门第、家境及品貌等条件决定婚事成否，男女当事人是没有多大发言权的。改革开放后，青年男女思想解放，一般都是自由恋爱，在议亲时，主要以男女双方意见为主，双方父母意见为参考。

“无媒不成婚”，过去在议婚初始，一般是由男方家长委托媒人或托靠亲友、邻里前往女方家求婚，又叫“提亲”。

如果女方家长答允考虑结亲，男方便再次托人或由媒人到女家询问女方名字和出生日期，以便“开八字”，请阴阳先生“合婚”，审看男女双方的命相是否相合。随着时代的发展，青年男女自由恋爱，请媒人提亲这一步骤逐渐被大家省略，双方父母同意后，青年男女互相告知生辰八字，由各自父母请人合婚。所谓的“合婚”，山西长治一带称之为“取四柱”，雁北一带称之为“换婚单”。具体做法就是，把男女双方的出生年、月、日、时写在纸上，然后请人卜算，看双方相互间命相有无克异。民间一般认为，男女生肖犯“对冲”的不宜婚配。而所谓犯“对冲”，是指子、午相冲，丑、未相冲，寅、申相冲，巳、亥相冲，辰、戌相冲，卯、酉相冲，共“六冲”。各地历来都有“白马怕青牛，兔龙泪交流，猪狗不到头，蛇虎如刀错，羊鼠一旦休”之类的俗语。这些说法属于迷信，但也从侧面说明了人们对美好婚姻生活的追求和向往。

男女双方“八字”相合后，两家即择吉日传换庚帖，晋北一带叫“送契”，重新写明男女各方的出生年、月、日、时等事项。至此，亲事算初步定下。按照忻州、长治等地的说法，是女方“有主了”；在晋中一带，则说女方“问出去了”。

在具备订婚条件的情况下，男女两家还要“相亲”，又叫“相门户”“看屋里”，即男女两家约定时间见面，最后议定婚事成否。现在山西各地仍有这种习俗，不过“相亲”的主角已由双方家长变为男女双方当事人，“相亲”的意义已不在于认亲家，而是通过面对面的接触，进一步加深相互之间的了解。被纳入山西省非物质文化遗产名录的孝义贾家庄传统相亲婚俗是：男方去女方家做客，称为“入闺相亲”。到了相亲之日，女方家只备清茶一盅，不备饭，民谣云：“媒人吃了相亲饭，这桩婚姻十要散。”媒人随男方家娶亲的本人来到女方家后，女方家除主人迎客外，其余亲友在旁边观察，出嫁闺女本人躲在暗处观察男方长相、走路、身段等，此举称“偷相”。男子进屋后，女方母亲会先给来客倒杯红糖水，叫作“喝甜头”。接着，女方父母和男子叙谈，通过交谈大体了解男子的举止风度、口齿是否清晰等。在此期间，出嫁闺女本人进门为男子添茶倒水，说说家常话，小憩后出门，也就在这短短的几分钟内，男方观察女方，这谓之“男女相面”。相亲结束后，如双方父母都觉得合适，就积极准备订婚。

当然，这是针对过去女性一般不能出门才出现的订婚前相看步骤，现在青年男女多是自由恋爱，所以这一步骤一般也就省去。但是随着生活节奏的加快，手机、电脑互联网的普及，生活圈子过窄等新社会问题的出现，很多年轻男女通过熟人、同事、朋友引见或通过婚介机构来认识彼此的情况也很普遍，如公园相亲会、相亲角等，几乎每个城市都有。

订婚

经过议婚后，如果男女两家对婚事都持肯定意见，便可正式订婚，即"许亲""定亲"了。定亲时，男方就要郑重地往女方家中送去聘礼，数量多少，一般因时因地，视家境而定。这一程序相当于"六礼"中的"纳吉"和"纳征"。山西雁北一带称之为"下茶"，晋南一带则称之为"过大礼""送彩礼"。这里的"聘礼""彩礼"一般是指男女双方完婚之前，由男方付给女方作为婚姻关系成立条件的财物，女方如果接受聘礼，婚事就基本确定。过去，在行聘礼之前，往往由媒人先开列彩帖，写上首饰、衣服、布匹、绸缎若干，与女方家商议，双方往往因彩礼的多少而"讨价还价"，常常需要媒人往返数次才可以定下来。

雁北地区订婚日要看个好日子，一般选择夏历三、六、九等吉日。男方通过媒人交女方一半的“彩礼”。订婚时男方给女方家送去糕点、馒头等食物，还有一个用大块红布包裹着的包袱（称为“定亲红”），内装女方婚前穿戴的衣物及部分嫁妆。订婚时一般由男方、媒人及其好友前往，女方家要设宴招待。

晋西北的河曲、保德一带订婚时，男方家要给女方送彩礼，旧称“纳聘”，礼品由女方指定。彩礼名目有“三盘两对”，即三副项圈、两对手镯；“花红彩礼”，即红布、蓝布各一丈二尺；“生米猪卷”，即一斗白米、一斗绿豆、一斗红枣、白条猪一口，馒头 24 个，还有用红纸裹封的钱币。而女方给女婿的只是象征性礼物，如帽一顶，靴一双，“硬腰子”一个。保德城关附近还有一种习俗叫“西瓜月饼吃三年”，就是在订婚后三年内，每逢中秋节，男方用食盒抬着上好大西瓜四个，大小月饼垒成一塔送给女方。

晋中阳泉地区订婚一般是商议彩礼的数量、娘家回陪的嫁妆，还要将男方家的亲戚按辈分大小一一相认，收红包等。订婚日，女方收饰物钱币之后，要用带根谷苗一束和铜、铁、胶各一块回报男方。订婚宴上确定的彩礼，男方家要在当天送到女方家里去。女方家办宴席，席间应当由媒人引导双方改称呼，然后清点彩礼，继续商议未定的事项。而祁县一带，男女双方还要互送“四色礼”。男方送给女方“定亲衣”、戒指、耳环、手镯等物，女方回送男方文房四宝、扇子、荷包、腰带一类。其中腰带尤不可少，隐喻“从今以后我把你拴住了”。

吕梁的订婚仪式，这天女方家人众亲戚集中到男方家，男方家同样由家人与本家兄弟等亲戚参加。旧时流传“嫁女未娶之前不得入男方家门”，所以定亲仪式上见不到出嫁女。这一天的主食是油糕（喜事席上不吃蒸馍，认为带气的东西不吉利）。席间，双方互相介绍各自的亲戚。饭毕，男方要根据女方家人及亲戚的不同身份送些礼物，以示认亲。

晋东南一带也是女方设宴，吃“十大碗”或“八大碗”酒席。现在大多都是在男方家，仪式更简单，参加的人极少，男方要送女方三金（即金项链、金戒指、金耳环）。陵川等地，男方家要送面粉给女方家。女方家用所送的面粉夹上小米煎成油饼，再送给男方家。男方家以之分送亲友、乡邻，称为“通知”。

晋南地区的订婚，一般选择夏历三、六、九等吉日，双方家长要在选定的这一天分别设筵款待亲友，名为“定亲饭”。“定亲饭”中的主食一般是面条，除了山西人爱吃面的原因外，也表示男女两家已经成为情深谊长的儿女亲家，所以又称为“吃面”。但襄汾等地，男方家筵席上必备饺子，意取“捏嘴”，表示希望不要再讨财礼了；女方家设筵则以“臊子面”回敬，取其长，表示财礼少了可不行。翼城一带，“吃面”仅限于女方

家，称为“吃许口面”。而在晋南的闻喜，男方家送给女方的聘礼，除各色衣料、金银首饰、酒肉糖果外，还有90个花馍。女方家的回礼，除衣装鞋帽和各种文具外，也有几十个花馍。男女双方把花馍切成薄片，分送亲友、乡邻，称为“散喜馍”。襄汾一带，男方家送给女方家的东西要凑足十件，表示“十全十美”。女方家“回奉”给男方家的东西中，还要有十包掺有盐末的麦麸。这十包麸盐要分别撒在未来的公婆和妯娌头上，表示大家都有福（麸）、有缘（盐）分。此外，订婚时晋南的一些地方，女方还要由亲戚陪同去一次男方家。返回时，男方家除送给姑娘一定数量的钱外，还要送一捆棉花，称为“沾亲棉”，又叫“粘亲花”，表示从此沾亲带故，情意绵绵不断。

到了现代，山西的订婚礼大同小异，趋于简化。几乎都是男方的家人和亲戚在酒店直接宴请女方的家人和亲戚，使双方彼此之间熟悉、认识，订婚的男女双方都出席，不再有避讳。

成婚

在过去，订婚以后，如果男女双方都已达到当地认可的结婚年龄，男方家长便设筵邀请女方家长和媒人，一起选定迎娶的日子。这一流程，在山西的不同地方，称谓也不同。如寿阳一带称为“会择”，大同等地则称为“择期”，晋东南黎城一带称作“择天期”。由于民间认为迎娶之期关系到男女双方的一生，所以非常慎重。一般会请阴阳先生看黄道吉日，这个环节比较麻烦：首先要将男女双方以及各自父母的出生年月、出生时辰告诉阴阳先生，他再根据黄历选定吉日。选日子时要避开直系亲属出生日，避开农历三、七月（鬼节），避开“盲年”（即全年没“立春”这一节气），避开“三娘煞”（即初三、初七、十三、十八、廿二、廿七）等。此外，民间认为过了腊月十三，诸神上了天，百无禁忌。有民谣“岁晏乡村嫁娶忙，宜春帖子逗春光。灯前姊妹私相语，守岁今年是洞房”。在这段时间内娶媳妇、聘闺女不用择日子，称为“赶乱婚”。因此直至年底的这段时间，举行结婚典礼的特别多。

左云、怀仁交界一带，以女方的“大利月”决定初步婚期的“大利月”，即由女方的属相决定婚期。具体内容是：

正、七月迎鸡兔，二、八月虎共猴。

三、九月蛇和猪，四、十月龙与狗。

五、十一并牛羊，六、腊月鼠马走。

“正、七月迎鸡兔”，即属鸡和兔的姑娘，正、七月是她们的“大利月”，正、七月出嫁，每天都是好日子，以此类推。然后经双方家长不断往来磋商，往往从定亲到成婚要拖延半年以上，甚至更长时间。

现在在大中城市，平日人们多忙于工作，一般的择日流行

农历带三、六、九的周末，五一、国庆、元旦假期和腊月底，这些日子成为婚嫁的高峰日期。

迎娶的日子选定以后，男方要正式写帖通知女方。雁北一带称为“通书”，晋南等地则称为“送好日”“下知帖”。这一程序相当于“六礼”中的“请期”。一般来讲，女方出嫁前男方会向女方家送两次彩礼。第一次就是前文所提到的订婚行聘，为“小送”；第二次则是临娶“纳币”，为“大送”。

一般迎娶日子确定以后，男女两家就开始做婚前的各种准备了。相比较而言，男方家准备的东西要更多些。准备的内容，既要切合自身实际，又要符合当地习俗，主要有：

① 布置新房。

② 准备家具、家电以及床上用品（有的属于陪嫁，提前搬到新家，迎娶时只搬空箱，走过场）。

③ 确定婚礼地点、仪式及婚宴酒店、方式，落实酒席单价格（农村多请人在家中制作）。

④ 确定帮忙人员（总管、主婚人、礼房、伴娘、伴郎、送亲人员等）。

⑤ 落实礼仪事项（搭婚堂、彩虹门、酒店布置、鼓乐、婚车、摄像、礼仪主持等）。

⑥ 领结婚证，拍婚纱照，购置衣物、首饰等。

⑦ 购买喜联、喜字、彩带、拉花、红包、香烟、酒、瓜

子、喜糖、鞭炮等。

⑧ 按当地习俗准备其他需要的物件。

女方家主要就是准备嫁妆，布置待嫁闺房，购买喜联、喜字、彩带、拉花、红包、香烟、酒、瓜子、喜糖、鞭炮等。值得一提的是，在山西的民间婚俗中，作为女子陪嫁的手工绣花鞋垫，在婚俗中占据着极其重要的地位。一般情况下，当家里有待出嫁的女子时，家里的女性长辈或者待出嫁的女子会亲手绣制一定数量的鞋垫作为嫁妆，数量越多，越能显示这家的女子贤惠灵巧。例如，在山西吕梁的柳林、临县、中阳等地方，作为陪嫁的嫁妆，绣好的鞋垫会在女子出嫁的当天被精心摆出各种造型，鞋垫上那些五颜六色的图案花纹和丝丝线条，不仅

嫁妆鞋垫

体现出女子们灵巧的制作技艺，更传达出她们质朴性格中所饱含的对美好爱情的寄托、对祥和富贵生活的祈愿以及对血脉传承的憧憬。

现在很多婚礼筹备网站上都有婚前需要准备物品的详细清单，以及结婚当天的流程清单可供新人参考，省去很多麻烦。

婚前筹备日程表				
时间	传统习俗	礼服及美容	蜜月旅行	新居
6个月前	●双方家长见面 ●择日 ●决定婚礼仪式 ●决定婚宴形式 ●洽谈婚宴细节 ●计划婚礼开支预算 ●搜集相关资料	●决定租赁、选购或定做礼服 ●做婚前体检 ●开始美容纤体计划	●确定蜜月旅行形式 ●做好蜜月开支预算 ●列选地点	●确定新居区域 ●确定新居租赁或选购 ●确定装修费用开支
3个月前	●办理结婚注册手续 ●选定伴郎、伴娘 ●选定双方“总管” ●确定婚礼及婚宴宾客名单 ●确定酒席数目	●拍摄婚纱照 ●选购结婚戒指及首饰 ●进行美白保湿等美容疗程	●确定蜜月行程 ●预订蜜月团或机票 ●办理相关的出入境签证 ●向所属公司申请长假	●详列家居用品清单 ●商量家居设计及装修风格
2个月前	●列出当日行程表 ●分工、安排工作人员 ●准备过大礼用品 ●准备嫁妆 ●准备请柬和回礼款式	●预订婚纱 ●确定化妆师及发型师 ●定制新娘捧花 ●确定花车安排		●选购家居用品 ●选购家具 ●选购电器

续表

婚前筹备日程表				
时间	传统习俗	礼服及美容	蜜月旅行	新居
1个月前	●开筹备会议 ●预备过礼 ●派请柬	●礼服最后试身 ●确定当日摄录服务 ●确定当日会场布置风格	●列蜜月所需用品清单 ●兑换国外旅行的货币	●准备新居的日常用品 ●检查新居
2个星期前	●选购礼仪用品 ●打电话确定婚宴人数 ●决定客席人数及编排 ●确定花车安排	●选购陪衬饰物 ●选购礼服及内搭衣服 ●选购礼服鞋		●开始迁入新居
1个星期前	●预定回门用品 ●预定婚宴所需杂物 ●选购婚宴糖果、烟酒 ●彩排	●确定取礼服日期	●确认行李清单 ●检查护照、身份证等物品	
2日前	●最后确定酒席数目 ●确认婚礼婚宴所需用品 ●确定车行取车时间 ●确定场地布置时间 ●确定化妆、伴娘、伴郎	●提取礼服 ●检查礼服及内搭衣服 ●修眉、修甲	●收拾行李衣物	●安床仪式

山西大多数地区在迎娶前几天，或头一天，或迎娶当天早上，男方家要打发人往女方家送首饰、衣装、酒肉等礼物，这一仪式叫作“催妆”，意为催促女方做好出嫁准备。太谷等地

把“催妆”仪式称为“饷飧”；在太原和雁北大同一带，男方家要给女方家送面粉和肉，面粉叫作“离娘面”，肉叫作“离娘肉”。

出嫁前一天，女方家要把陪送女儿的妆奁送往男方家，称为“送嫁妆”。嫁妆旧时一般为桌椅箱柜、衣服被褥及梳妆用具，都要贴上大红喜字或扎上红布。忻州、雁北等地讲究在嫁妆中的面盆里放核桃和枣，然后用大红剪纸盖上；晋南襄汾一带则讲究在枕头里装上筷子、核桃，鞋里放上麸子，被子四角缝上枣和花生。这些习俗都是希望新婚夫妇早生贵子、儿女双全及夫妻感情和美、有福有缘。收到妆奁后，男方家要回送女方家一些礼物。太原一带，男方家回送女方家的是清酒、猪头和蒸卷，称为“上头盒”。

较有特色的孝义贾家庄婚俗中，在结婚的前一天下午，男方家要举行“敲门鼓”仪式，女方家要举行“坐糕基”仪式。“敲门鼓”是在男方家院门外左侧放置一面大门鼓（社鼓），新郎母亲身穿红色喜庆服装，头戴红绸帕前行，新郎身背喜炮布袋随后，袋内装勺子、擀面杖、十八颗核桃（象征男孩）、十八颗红枣（象征女孩），母子二人来到鼓前，把核桃、红枣放到鼓面上，母亲一手持勺，一手持擀面杖，先敲两下鼓，边敲边念：“咚咚捣鼓哩，俺儿明天恭喜哩！”接着用勺子敲七下，擀面杖敲八下，边敲边念：“七勺子八擀杖，孙儿孙女都引上。”最后再在鼓的下面敲两下，边敲边念：“咚咚又两下，跟上妈妈回家吧！”之后把散落在地上的核桃、红枣收起，以备往新人被角、便盆内放置。“敲门鼓”仪式完成后，新郎回到家净身更衣，迎娶前不再从事家务劳动。“坐糕基”则是女方家在蒸糕坐笼前，新娘母亲头罩红绸帕，身穿红衣服，手捧供品先在院中敬神，然后坐在院中一把椅子上，这时，鞭炮齐鸣。炮声毕，新娘母亲口中念：“一笼蒸，坐底稳，俺女明日进高门；二笼蒸，热腾腾，满院飘香喜气生；三笼蒸，关了门，女儿洗洁身穿红。”在新娘母亲念歌的同时，新娘关门清洗，厨师端出头笼糕面放在锅上，新娘母亲走到蒸笼前，把头上的红帕取下盖在蒸笼顶上。少顷，厨师把红帕揭走，乡间称此为“坐糕基”“爬高头”。新娘在仪式后洁身穿新衣，在结婚前也不再从事家务劳作，称为“等婚”。

在太原一带，成婚当天零点整（成婚前一晚 12 时），男女方都要贴对联，还要吃“岁数饺子”，或称“岁岁饺子”。这是由长辈中的“全福人”包成指节大小的饺子，通常吃的数量是男女各自的岁数再加 2 个（天一个、地一个），在午夜 12 点钟声敲响前，男女比赛看谁先吃完，谁先吃完就预示着婚后谁当家。

晋南襄汾一带，在女儿出嫁前夕还有“踩花堂”的习俗。一般是由女方派两名能言善辩的妇女，打着喜字灯笼，提着小

岁岁饺子

箱子，抱着个瓷娃娃，在夜里二三更天到男方家中去。进了新房后，女婿取出箱子里的镜子照照脸，意为新郎、新娘见面；来人在瓷娃娃两腿之间洒点水，意为“贵子撒尿”。然后，男方再给来人些喜钱，并把她们恭恭敬敬地送走。

除此以外，婚期前两日要请帮忙的人员吃饭，商议结婚事项。婚期前一日要和介绍人、事主等前往女方家沟通，交代结婚当天有关事项。

迎娶

迎娶，又叫“迎亲”“娶媳妇”，等于“六礼”中的“亲迎”。在山西，迎娶的过程一般持续 3 天。迎娶前一日，邻居亲朋就都过来帮忙，进行各种准备工作。迎娶正日，男女双方都要将门户装饰一新，院门、房门贴喜联，窗户上贴大红双喜字和“喜鹊登枝”“鸳鸯戏水”等吉祥剪纸，大门口悬挂红布彩绸，男方家张贴大红双喜，女方家张贴大红单喜。一应用品，大到车、轿，小到花烛、装饰，颜色均以红色为主。为了宴请亲友、宾客，男方家往往要在院子里搭起“喜棚”。鼓乐喧天，鞭炮连声，亲友云集，邻里毕至，一派欢声笑语。参加婚礼的男女老幼三天内不分大小，“戏公公、婆婆”“戏大伯子”“闹洞房”，把喜庆气氛渲染得火暴热烈，无与伦比。

迎亲通常是由新郎亲自到女方家迎娶新娘，但在忻州、吕梁的一些地方，也有媒人或小叔子带领迎亲队伍前往迎娶，新郎在家等候的。

大同新郎一般要戴红花，傧相由新郎的姐夫或者好友担任，新郎要给新娘带去一根红裤带，以“喜结良缘”；带去一个瓶子，瓶中插一根葱，谓之“生根立后”；带五根肋骨的猪肉或羊肉一块，叫作“五方喜庆”“离娘肉”。娶亲回来时，男方要把其中的两根肋骨带回，表示婚后夫妻和睦，“筋骨不离”。女方家设茶水、糖果、糕点等招待迎娶者。新娘换上新郎带来的衣服（一般为红色），向父母拜别后，由胞妹搀扶上轿（车），当然，上车钱是少不了的。另外，在新娘上车时，女方家中还要送给新郎家一盘饺子，上面盖着纸剪的大红喜字，名曰“合

家欢乐”。

祁县男方接亲时要带柏叶、鲜花、红线绳，红线绳需交给新娘，在新娘的头上打结。当地有个讲究，如果是头婚，要打成活结；如果是再婚，就打成死结。在女方的家中备有红色包裹，其中的一个包裹要放脸盆，内有酒盅 4 只（要互相扣起来），一个里面是红糖，一个里面是蜂蜜（意思是甜甜蜜蜜），还有双头葱，双头辣椒，一双红筷子（要用红线拴在一块），一个大饺子（里面包有七个小饺子，意思是五男二女七子团圆），一块用红纸包的炭块，一包用红纸包的土，红苹果 4 个。其他包裹没有特别的规定，只要是涉及新娘用的东西就可以。在新娘启程时，还要在新娘穿的鞋垫下面别上七根针（叫明眼针）。在新娘到男方家的时候，男方家的人要解掉给新娘打的结，一边解一边嘴里念叨着“结打得好，黑毛活到白毛了（意思是要长寿）”。

晋南地区，新郎出发前先在家举行祭祖仪式。这时将纳采时所用的“盒仔饼”或大饼，上香祭告列祖列宗：“子孙 ××× （新郎名）将前往 ××× 处（女方地址）女方家下聘，请列祖列宗保佑这段姻缘美满幸福。”而后新郎与媒人同乘一车前往女方家迎娶。专门负责送礼行聘事宜的贡礼官（俗称“押箱先生”）必须控制人数（凑成双数）、车辆（六辆或十二辆）、聘金（双数且用红纸包装妥当）等。

出嫁当天早晨，女方家还要给女儿“上头”和“开脸”。“上头”，即改变头发式样，把辫子盘成发髻。“开脸”又叫“开面”，其实是新娘进行美容修面，并以此表示少女时代的结束。一般是请一个“全福人”，由她用细丝线绞去姑娘脸上的汗毛，并修细眉毛，剪齐鬓角。“上头”和“开脸”之后，女方家要宴请本族尊长和邻里乡亲，同时款待即将出嫁的女儿。过去民间认为，女儿一“上头”，就是男方家的人了，娘家须以客相待，所以筵席非常丰盛，女儿也被安顿在筵席的首位。尊长、邻里除对待嫁的姑娘表示祝贺外，还要嘱咐她一些尊敬公婆、侍候丈夫以及处理好妯娌、姑嫂关系的道理。现在多是预约技术高超的婚礼化妆师，早早地给新娘、新娘父母和伴娘化妆，省去很多烦琐仪式。

此外，女儿在出嫁前，山西各地大多有“哭嫁”的习俗，人称“媳妇哭，娘家富”。据民俗学家研究，这一习俗起源于远古时代的“抢婚”，后来“女子被掠夺时的哭诉”才逐渐演化为婚俗中的“哭嫁”。女儿哭嫁既是感叹无忧无虑少女生活的结束，感谢父母的养育之恩，眷念兄嫂弟妹及与女友的友好相处之情，同时也有对为人妻、为人媳的人生转折甚感惶惑不安之意。新娘的母亲、女友与家族中的女眷，一般都要陪哭。

迎娶的队伍到来后，新娘所在的房门往往由新娘的妹妹

或女友们关起来，向新郎要进门红包，以讨吉利。进门之后就是新郎和一起来迎亲的伴郎们找新娘藏起来的婚鞋。这些风俗一方面显示女方家族的尊严和女子的矜贵，另一方面是故意捉弄迎亲者，增添喜庆气氛。迎亲者怕误了时辰，只能付“开门钱”了事。吕梁柳林一带，迎娶队伍到女方家门口时，要把一只羊赶在前头进门，俗称“撞门”。

迎娶队伍进门后，女方家要设筵盛情款待。榆次、孝义等地，招待女婿时，除一应酒菜外，还有薄饼等主食，伴郎在此期间一定要“偷”一双筷子和一个茶盅带回男方家，当地人称为“得富贵”。晋南襄汾一带，讲究新郎、新娘同吃“合婚饼”。晋东南沁县等地，女儿临行前要吃鸡蛋饼，俗称“三颗鸡蛋一壶酒，打发闺女上轿走”。

撤席后，新郎要向岳父、岳母叩头辞行。晋中祁县一带，岳父此时要为女婿披红、簪花。然后乐声大作，迎娶队伍及女方陪送人员起程。“婚”与“昏”同音，晋南一些地方还保留着新娘晚上出嫁的古老习俗，女方家宴请新郎，一直要到初更才打发闺女出门。

女儿出嫁离家时，山西各地都有不带娘家土的习俗。民间认为“土能生万物，地可产黄金”，怕带走了土，就带走娘家种庄稼的好运气。所以，女儿出嫁时，要在炕上换上新鞋，然后由哥哥或舅舅背上或抱上轿；或者坐在椅子上，由人抬上轿；

有的地方是以红毡或红布铺地，女儿进了轿再换新鞋。不管怎样出门，反正是脚不沾地。

旧时，晋东南沁县一带，新娘母亲还要含着眼泪绕轿转两圈，默默祝愿女儿幸福吉祥；新娘父亲则象征性地护送“百步”，然后由其舅、叔、兄、弟等四人伴行送亲。

迎娶路线一般讲究走大回环，回时不走回头路，取意“堂堂七尺男儿，一生娶亲只一次，既成婚，决不悔，不走回头路”。晋中祁县一带依据村落位置，有“玄武（北）入，朱雀（南）出”或“白虎（西）入，青龙（东）出”的说法。迎娶队伍要携带红毡或红布，除了供新娘上下轿踩踏外，路经寺庙、井台或石碾、石磨时，还要用来遮掩轿窗和新娘，意在防止白虎星等鬼祟邪怪相扰。路遇别的嫁娶队伍时，过去双方要互换“针线”，即新娘的女红消灾。现在迎亲队伍相遇时互赠包顶针的手帕，即此遗风。

旧时，吕梁山区有些地方新娘出嫁骑驴；长治、屯留等地，新娘、新郎都要骑马。雁北平鲁一带还有“骡驮轿”的特殊迎亲工具。黄土高原丘陵密布，黄河十八湾，交通十分不便。为此，骡驮轿婚俗在清水河及黄河沿岸、长城沿线的农村十分盛行，而且历史悠久。

据民间传说，汉代有一户农家的儿子到了婚配年龄，与一户少数民族的姑娘情投意合，双方选定了完婚的吉日。这天新

骡驮轿

郎家按照传统风俗一大早抬着花轿到女方家迎亲，由于路程遥远，花轿到达女方家时已是前半晌了，如果再由人抬轿，恐怕会误了中午拜堂的时辰。女方父母认为骑骡子既能节省时间和脚力，又符合自家的身份和习惯，遂从自家畜棚里拉来两头骡子，用皮绳和长木杆将花轿架在中间，装饰一番，让女儿坐上到婆家完婚。骡子不惧山高坡陡，且顺从人意；骡驮轿经过一番打扮，显得英武潇洒，为迎亲队伍增添了异样色彩，受到乡亲们的格外赞誉。从此，骡驮轿成为平鲁当地婚俗的一种固定模式流传下来，出嫁女也以乘坐骡驮轿为一生的荣耀。

骡驮轿是平鲁地区传统民间人生礼仪习俗的重要组成部分，是当地文化变迁的见证，也是中华民族婚俗文化完整性、多样性的见证。如今，当地骡子饲养减少，制作和驯畜技艺流失，从业人员传承难以为继，美轮美奂的骡驮轿民俗濒于灭绝，骡驮轿已被纳入山西省非物质文化遗产之列。

现在城乡各地迎娶多用轿车，有专业的婚庆公司，可以找到同一品牌、同一型号、同一颜色的双数私家车车队。此外，追求个性的自行车迎亲、公交车迎亲、抬轿迎亲等也屡见不鲜。

婚礼

迎娶队伍回到男方家以后，鼓乐大作，鞭炮连声，男方亲友、邻里一拥而出，迎接新娘。晋东南沁县一带，新娘花轿讲究落在一床红被上，新娘索取“下轿钱”后，由一“全福人”相搀，踩着红地毯进门。婆婆随后用笤帚在轿内象征性地扫三下，并取土一把，拿回家放在新房炕角席子下，这叫“扫轿土”，大约是和“不带娘家土”的习俗针锋相对，你怕带走娘家的土，影响娘家种庄稼；我偏要想方设法扫一些，以有利于自家的农事。

山西晋南婚俗，新娘下轿时，人们要撒五谷唱喜歌：“撒五谷的女子生得俏，五谷筋了怀中抱。迎着新人撒三把，好似仙女撒金花。一撒金，二撒银，三撒新娘有福人……”这一习俗

花轿

叫“撒草”或“撒喜果”，其起源甚为古老，相传早在汉代即已流行。早先叫作“撒谷豆”，意在压避青羊、乌鸡、青牛三煞神，后来逐渐演化，从赶煞神转为求吉利。晋南一带尚保留古意，翼城叫作“打五鬼”，浮山则叫“摔新人”。

晋中、晋南等地，新娘下轿要跨越火盆；平鲁、忻州一带，则要在院子中燃一堆柴火，即“旺火”，让新郎、新娘进门后绕火而行。这都是表示驱除邪恶，并象征新婚夫妇婚后日子越过越红火。忻州等地，新娘在婆家吃的第一口饭要经新郎口含过，称为“合欢饭”，表示共同生活的美好开端。晋南一带，新郎的姑姑、姨姨、舅舅等至亲要蒸名为“盘珠”的面食馈赠男方家。这种面食状如龙盘，上插红、绿纸花，每个重约二三斤，具有“珠联璧合”“天作之合”的含义。洞房里放斗，斗里放五谷、铜镜以辟妖镇邪，凡此种种，无不寄寓着人们美好的祝福。

跨火盆

拜堂

新郎、新娘进门后，接着就要“拜堂”，又称“拜天地”。拜堂的地方一般在洞房门前，设一张供桌，上面供有天地君亲师的牌位，供桌后方悬挂祖宗神幔。新郎、新娘就位后，由两位男宾唱导，行三跪九叩礼，参拜天地、祖宗和父母。然后女东男西，行夫妻对拜礼。雁北大同一带，拜堂时只新郎拜，新娘不拜，与一般的结婚习俗不同。现代，“拜堂”这一典礼，有时也改在设婚宴的酒店进行。

山西各地结婚当天男方家要设筵款待亲友和宾客，亲友和宾客向男方家恭贺行礼，俗称“道喜”。晋东南陵川一带，女

拜堂蜡像

流水席

方父母也托亲友中的妇女到男方家贺喜，叫作“上饭”。安泽一带，亲友、宾客至男方家贺喜时，还要竞相索取新娘所带来的果饼，名为“讨干粮”。

有些农村在家中设宴，请手艺好的厨师做“流水席”。现在婚宴大多设在酒店。男方家一般会选择交通、环境、服务等条件好一点的酒店，方便客人赴宴停车。

结婚典礼在形式上可分为传统中式、西式、中西结合式。其中中西结合式的婚礼仪式较为常见。这样的婚礼过程温馨、隆重，既能充分体现一对新人的文化时尚特点，又能满足双方亲朋好友相聚的大团圆心愿。当新郎把新娘迎娶到家，完成简短的仪式后，新郎、新娘就到举行婚宴的酒店门口与新郎父母一起迎接宾客。当 12 点整的时候，亲朋好友基本来齐，结婚典礼正式开始。在婚礼司仪的带领下，完成“拜堂”、认亲、交换戒指等仪式后，婚宴正式开始。新人和男方父母开始敬酒，感谢亲朋好友的到来。亲朋好友用餐完毕后，新人和男方父母在门口送客人离开。至此，婚宴结束，新人及家人赴新房。

除了常见的中西结合的婚礼外，随着社会的发展，人们开始追求个性、时尚的结婚典礼，根据新人们的不同需求，中式古典婚礼、西式教堂婚礼、西式户外婚礼、个性主题婚礼等多种多样的婚礼仪式开始出现，给新人们留下了与众不同的美好回忆。

户外婚礼

西式婚礼

中式婚礼

洞房

旧时，拜堂完毕后，新郎、新娘在众人簇拥下进入洞房。晋中、晋南等地，要事先在洞房门前或门槛上放一马鞍，等新娘前脚刚跨过去，便立即将马鞍抽去。

洞房内除了一些生活用品外，还要在门口贴喜联，窗户上贴大红双喜字，屋内点大红花烛。忻州、定襄、原平、代县

婚房外布置

一带，流行在洞房内摆设婚礼面塑——“宫食”，一般用三五斤白面做一对，大部分造型是玉兔驮仙桃或金鱼背石榴，上面精塑十二生肖造型，细加点缀，造型生动，情趣悦人，五彩缤纷，鲜丽明快，线与面、点与块、塑与画、拙与巧的结合与对比，不但形成强烈感人的艺术效果，还增强了喜庆的气氛。沁县一带，洞房里摆着斗，斗内装有五谷、铜镜等镇物，用于照妖辟邪；灯烛悬挂高墙，通宵不灭，俗称“长命灯”。

晋北一带，入洞房之后，新郎要手持弓箭向四面虚射，名为“撵白虎”。晋中、晋南的一些地方，则把弓箭悬挂在墙上。

婚床

民间认为，洞房易受邪魔侵扰，如果不禳解、镇压，就会出现异常事故，于新郎、新娘不利。

晋中祁县等地，入洞房后，新郎、新娘并肩坐在炕沿上，由“全福人”招呼，把新娘的衣角压在新郎袍襟之上。新郎用秤杆挑去新娘头上的“红盖头”，然后退出。新娘的嫂嫂即动手脱去新娘脚上的新鞋，为她另换一双。所谓“换新鞋，就新范”，意思是新娘以后行事要按男方家的规矩，受婆家约束。忻州河曲一带，新郎挑去新娘的红盖头以后，还要用梳子象征性地给新娘梳几下头发，俗称“上头”，表示这位女子从今以

后就成为他的媳妇了。

旧时，新郎、新娘入洞房后，还要用同一器皿饮食，行“合卺礼”。一般是新郎、新娘先各端酒杯稍饮一点，然后将两杯酒掺兑，两人换杯饮完。山西各地风俗稍异，雁北平鲁一带是新郎、新娘共喝一盅酒，称为“玉皇酒”，又名“和好酒”；闻喜等地则演变为新郎、新娘在新婚之夜同吃“合婚面”。

新婚之夜，晋南一些地方还有“踩四角”的习俗。新郎拉着新娘在炕上左转三圈，右转三圈。踩时，还要有人在旁边念诵赞语：“踩，踩，踩四角，四角娘娘保护着。娃多着，女少着，婆夫两个常好着……”

山西和全国各地一样，都有“闹新房”的习俗，洞房之夜，热闹非凡。俗语说“不闹不发，越闹越发”；民间还有“新婚三日无大小”的习俗，婚后三天，宾客、乡邻、亲友不分辈分大小，男女老幼都可以汇聚新房参与逗闹新郎、新娘。人们认为，闹新房不仅能增添新婚的喜庆气氛，还能驱邪避恶，保佑新郎、新娘婚后吉祥如意，兴旺发达。

认亲

山西各地，在婚后第二天或第三天一早，新娘要拜谒公婆和家族中的长辈，家族中的平辈和晚辈也要来见新娘，俗称

“分大小”或“见大小”，其意义是确认新娘在男方家族中的地位。临猗一带，男方家还要引导新娘拜见街坊邻里，各家老少一拥而出，围观新娘，称为“拜巷”。浮山等地则称为“串村子”。类似的仪式，岚县一带在新婚当天拜堂之后举行，名为“吃过街饭”。而晋东南黎城的“吃过街饭”却是在婚后完成的。所谓“吃过街饭”，一般是由男方本家或邻里请新娘到家里象征性地吃一点饭。各家要事先准备好座席和饭食，并在大街上迎候。新娘由“大戚”（即迎亲、送亲的亲友）各二人陪同，每至一家，“大戚”介绍过主家身份后，新娘就要上前拜礼，互相见礼毕，然后入座，象征性地吃一点饭，一般为“圪托”。饭毕，由主家送出，又由另一家接走，直到“大戚”认为满意为止。当地非常重视这一习俗，一来是让新娘认一下本家、邻里，便于日后往来；二来显示婆家的人缘。请过街饭的人家越多，主家越高兴。事后，婆家都要给请过街饭的人家送谢帖，以表谢意。

婚后第三天，山西一些地方还保留着“暖女”的古老习俗。这一天，女方父母拿着点心、烧饼来看闺女，生怕女儿初到婆家拘谨，吃不饱饭饿着。翼城一带称为“看三日”，沁县等地则叫作“打听三天”。

回门

“回门”，指女子出嫁后首次回娘家探亲。我国早在春秋时期就有回门之俗，泛称“归宁”。后来，各朝各代、各个地方都有不同的名称。宋代称“拜门”，清代北方称“双回门”“会亲”，有的地方称“唤姑爷”“回郎”。

回门也是婚事中的一项仪式，其意义重大。从女婿方面来说，有感谢岳父、岳母恩德，拜会、结识女方亲友等意义；从女儿方面来说，则表示了出嫁成家后不忘父母养育之恩的心情。据宋《梦粱录·嫁娶》记载：“三日，女家送冠花、彩缎、鹅蛋，以金银缸儿盛油蜜，顿于盘中……并茶饼鹅羊果物等合送去婿家，谓之‘送三朝礼’也。其两新人于三日或七朝九日，往女家行拜门礼，女亲家广设华筵，款待新婿，名曰‘会郎’。”

山西各地回门时间不一，有在婚后第二天的，有在婚后第三天的，也有在婚后第六、七、九、十以至十二天的，因地而异。平鲁一带，婚后第二天，新婚夫妇即回女方家住一两天，称为“回亲”。襄汾或太原一带也是婚后第二天回门，不过当天新婚夫妇还要一同再回到男方家，称为“打来回”。广灵一带，婚后第三天女方家派车马迎请新婚夫妇回门，新郎在女方家除拜见岳父、岳母外，还要拜见女方亲友，一直住够九天才回来，称为“合堂”。榆次一带，婚后第三天女婿要带上礼物同媳妇一块去女方家，称为“谢婚”。在安泽等地，女方家在第三天，或第六天、第九天请新婚夫妇回门。吕梁山区的中阳一带，女方家有在婚后第七天接新婚夫妇回门的，名为“对七儿”；有在婚后第九天的，名为“对九儿”。闻喜、翼城等地，都是婚后第十天由娘家把女儿、女婿接回，连住十天再返回婆家，闻喜叫“出十”，翼城叫“唤十日”。浮山一带则是婚后第十二天才回娘家，称为“出十二”。

回门这一习俗，对于新女婿来说，却不是一件轻松的事。且不说在女方亲友面前新女婿要被“品头论足”，单单是新娘姐妹们准备的辣椒、花椒饺子，就够新女婿受的了。而且在被戏耍的过程中还不能发怒，即使手足无措，尴尬至极，也还得满脸堆笑，听凭发落。

“会亲”，即新郎会见女方亲族的仪式，晋中等地在新婚夫妇回门时举行。晋南一些地方则是婚后第三天或第十天，在男方家中由新婚夫妇主持家宴，款待双方父母和双方亲友。通过这一会见，不仅两亲家加深了了解，联络了感情，而且双方亲友也初步结识，为今后的往来打下了基础。

“回门”在山西大多数地方即算婚姻礼仪中的最后一项内容。然而在太原、大同等地，还有“住对月”的习俗，婚后满一个月，新媳妇要回娘家住够一个月才返回婆家。至此，热热闹闹、红红火火的人生大礼才算落下了帷幕。

谢媒

一般以聘媒说亲为婚事开头，谢媒则为双方婚事结尾。双方儿女结婚满一个月，男女双方家长对这一婚事有功之人必谢，多以酒、肉、媒人卷（特色花馍）、布料一块的四色礼登媒人门致谢，作为婚事的最后终结。现代大都以自由恋爱为基础的婚姻，谢媒人这一程序几乎不需要了。

新婚

新媳妇过门的第一年，在山西民间有不同的习俗。

一般来讲，新婚后的第一个春节期间，新婚夫妇要去男方和女方的主要亲戚家，如舅、姑、姨家或当家本户如伯、叔家拜年，亲戚以丰盛的酒饭招待，新婚夫妻给长辈拜年，长辈们要给他们喜钱，称“磕头钱”。男方的亲戚给媳妇喜钱，女方的亲戚给女婿喜钱，以增进亲友间的感情。

霍州的娘家要给女儿送羊羔馍，或称“羊羔儿”馒头。过去由于穷困，给女儿送去几个羊羔馍，就算尽心了。如今生活富裕了，有的一次送给女儿几十个甚至几百个羊羔馍。馒头造型多样，而且都有寓意。比如“牛羊”，象征六畜兴旺，“麦秸集”象征五谷丰登，“石榴”比喻多子多福。

代县出嫁女第一个春节回娘家要带一食盒，夫妻同往。盒内装 35 个馍，称之为“五碟馍”（每碟 7 个），其中 5 个要彩绘成龙凤呈祥、石榴结籽、金鱼戏莲等图画。另有两刀擀好的豆面（约 3 斤）及 35 个光桃饼，娘家要回赠女婿一身衣服或布料并两双鞋袜，称为“成双配对”。把这些东西放在食盒内，叫“压盒”。

紧挨代县的繁峙县东山一带，新婚女儿第一个春节回娘家，俗事异多同少：要带 21 个面塑花馍，捏成莲花瓣，或各种花卉，顶端皆嵌一红枣，十分讲究。此礼，贫富必备。同时带不少于 50 个饺子，带 2 升黄豆，“带豆豆，利舅舅”，以为娘家的兄弟带来吉利。如是者三年。三年后，娘家要回赠女儿、女婿两只大绵羊。

山西有的地方在正月初九日，新媳妇会约集亲友到夫家回宴，叫“圆九”。晋西北柳林一带，在婚后新娘过第一个生日时，婆家要隆重地庆贺一番。至此，新婚礼仪即告完成，转入亲戚邻里的正常往来。

特殊的婚姻形式

山西民间的婚姻形态，除恋爱结婚和说媒婚等正常婚姻形式外，还有一些特殊的婚姻形式，有的已经渐渐淘汰，有些还存在遗俗，还有的在穷乡僻壤之地偶有所见。

同姓不婚

在山西民间的婚姻观念中有同姓不婚的禁忌。同姓不婚始于中国西周初期，是周代实行族外婚时遗留下的规定。春秋时，人们对同姓婚配会造成后代畸形及不育已有进一步认识，但这种现象在贵族中时有发生。秦汉以后姓氏不分，因而同姓不婚多有不禁。至唐代，对同姓婚又循古制，予以禁止。宋亦依唐律，同姓为婚干杖而离之。明清后逐渐消亡。但事实上，在一个地方，同姓者非常多，已不可能凡是同姓者都不得婚娶。因此，乡规习俗大体是：异姓者可婚，同姓者隔都隔甲（都、甲为明清时期乡村建制）可婚，同姓不同宗可婚。一般的说法就是出了五服（即超过五代）便可以结婚。

再婚

再婚，过去在男方称作“续弦”“填房”，在女方俗称“改嫁”。男方若娶未婚女子，要花轿迎娶，花烛交拜，形同初婚。若娶再婚女子，则婚事从简。地方不同，行事也不同，即使是同一地方，不同的县城，行事礼仪也有所区别。如吕梁孝义东部地区娶再婚女子时，备蓝色花轿迎娶，再嫁女子须带鞭炮和熨铁（意为重获好运），落轿后将所带鞭炮点燃，男方家派同辈将女子领入家门，拜过家人后，仪式就算完结。孝义西部地区，女子上轿时，头插宫花一朵，一手提灯，一手提镜，以灯照镜（意为重获光明），落轿后由媒人引入室内。太原清徐地区，寡妇再嫁时讲究要跨火盆，且在夜晚迎娶，不能坐轿，可乘车去男方家；男方续娶未婚女子时，也不能坐轿，只能坐车，娶来后要在住房的窗花上扯开一个窟窿，男人在外拿一块纸与糨糊将扯破的地方补好，并说“这个补丁补得好”，女子在内应曰：“黑毛活得白毛了。”孝义的再婚仪式，皆无鼓乐，不闹洞房，不动众收礼，男方家只备一两桌饭菜供近亲食用。女方家更简单，不备婚礼饭菜，只需将女儿送上花轿就完事。

1949 年后，随着新《婚姻法》的颁布，男女结婚和离婚，都靠自主决定，再婚不再被人歧视，寡妇改嫁受到社会的同情，虽然不事张扬铺排，但已不再受到族人的强行阻止。

入赘婚

入赘婚姻即指男女结婚后，男方到女方家成亲落户的情

形。这是由中国古代传宗接代的思想产生的婚姻形式，入赘俗称“招婿”“倒插门”。汉代贾谊曾说:“家富子壮则出分，家贫子壮则出赘。”(《汉书·贾谊传》)入赘多是由家贫造成的。传统的以父亲为主的家庭传承形式，决定了男子在家庭中的主导地位，一个家庭若无儿子，便想方设法招赘女婿入门，以继承家产，传延子嗣，养老送终。秦汉时，入赘形式具有“赘婿服役”的性质。宋代以后，入赘变为“赘婿补代”“赘婿养老”性质，女方家没有男性子嗣，招婿上门接续宗祧，补充劳力，并赡养女方家老人。但在封建社会，“赘婚”一直遭人歧视，赘婿不仅在家庭和社会中的地位比较低下，而且还要从妻改换姓氏，直到三代之后才能复姓归宗。

1949 年后,《婚姻法》规定:“登记结婚后，根据男女双方约定，女方可以成为男方家庭成员，男方也可以成为女方家庭成员。”两种情况均属正常。

指腹婚

所谓“指腹婚”，就是指子女尚在娘肚子里，父母亲就为其指定了婚姻，是中国古代的一种特殊嫁娶形式。

“指腹婚”的出现，可以追溯到东汉。《后汉书·贾复传》中提到贾复讨贼寇受了重伤，光武帝刘秀十分悲伤，为了表彰贾复的功劳就当众宣布:“闻其妇有孕，生女耶我子娶之，生男耶我女嫁之，不令其忧妻子也。”这可能是关于指腹婚的最早记载。这次的指腹为婚，只不过是对杰出的有功之臣的安抚，可到了后来，却慢慢演变成一种陋习。南北朝时候，指腹为婚现象传入民间，从而使这一现象达到非常流行的地步。到了宋代，指腹为婚现象甚是普遍。北宋司马光曾对襁褓童幼之时轻许为婚或指腹为婚的风气提出了批评，他说：“及其既长，或不肖无赖，或身有恶疾，或家贫冻馁，或丧服相仍，或从宦远方，遂至背信弃约，速狱致讼者多矣。”到了元代，法律开始对这种陋习加以制止。《元史·刑法志》记载：“诸男女议婚，有以指腹割衿为定者，禁之。”明清法律也都禁止指腹婚。1949 年后，指腹为婚这种陋习才从根本上得到了扭转。

换婚

换婚又称“换亲”，或称“豆腐换亲”。两姓人家都有儿女，但家境都较贫困，无力为儿子娶媳成婚，做父母的就将女儿嫁给对方做媳妇为条件，为自己的儿子换回一个媳妇来。虽然双方都可以省掉彩礼和操办费用，但其中必有一对较为强迫，甚或两对都非心甘情愿。换亲之后有许多矛盾不好处理，或是为了自己兄弟家的利益委曲求全，或是若有一对离异，另一对可能出于报复而离弃，酿成婚姻悲剧。这种婚姻形态在 1949 年后越来越少，几近绝迹。

转房婚

转房婚也称“续亲”。在一个家庭或家族中，兄或弟亡故，兄妻或弟媳孀居一段后，与亡夫之兄或弟成婚，有益于其未成年子女的抚育和老人的赡养，一般情况下也较为和睦。这种婚姻类型，无论城市还是农村也还存在，只是比较少见。

冥婚

冥婚也叫“殇婚”“阴婚”，俗称“弥婚”。晋北地区原平、五台、代县、定襄一带统称“阴婚配”，纯属迷信陋俗。凡男女未婚而亡，其父母和家人就要想办法托媒为其亡骨完婚。也有的因妻子改嫁，男子亡后，子女或家人为其操办冥婚。个别的还有男子料定自己娶不下妻子，提前买下已死的女人葬于自家坟地，待死后再合葬。冥婚说定之后，在清明节或十月节（农历十月初一）前一两日，将亡男和亡女的灵柩或骨灰合葬一处，通常不举行仪式，双方也没有亲戚交往，但个别的如遇婚丧之事，少有礼尚往来。

山西民间老人们认为，如果不替他（她）们完婚，他（她）们的鬼魂就会作怪，使家宅不安。因此，一定要为他（她）们举行一个冥婚仪式，最后将他（她）们埋在一起，成为夫妻，并骨合葬，也免得男、女两家的茔地里出现孤坟。还有的少男、少女还没订婚就夭折了。老人们出于疼爱、想念儿女的心情，认为生前没能为他（她）们择偶，死后也要为他（她）们完婚，尽到做父母的责任。冥婚属于封建社会遗留下来的陋习，现在即使在农村也几乎绝迹。

除上述婚姻形态外，还有“童养媳”“姑表亲”“典妻”等形式，但1949年后已经绝迹，在此不再赘述。

人生的终结

——丧葬礼仪

《论语·学而》中有这样一句话："慎终追远，民德归厚矣。"其中"慎终"，即指对父母的丧事要办得谨慎合理。孟子对此做了进一步的发挥，他认为："养生者不足以当大事，惟送死可以当大事。"在"送死重于奉生"观念的支配下，早在春秋时期，丧礼已经形成一整套礼仪。丧葬礼仪，简称"丧礼"或"葬礼"，是人的一生结束后，由亲属、生前好友等表达哀悼的仪式。这既是人生最后一项"通过礼仪"，也是最后一项"脱离仪式"，它表示一个人完成了他（她）一生的全部行程，最终脱离了社会。但是，由于传统观念和迷信思想的影响，长期以来，民间普遍认为人死而灵魂不灭，死亡不过是灵魂和肉体的分离，人死后，灵魂不仅仍然和人保持着密切联系，而且还可以投胎转世。基于这种认识，丧葬礼仪在一系列人生礼仪中，既显得庄严、隆重，又带有相当程度的神秘色彩。

中国历来重视丧葬礼仪，特别是长辈的丧葬礼仪。从初终到大殓、殡葬等，约有40余项。以后历代传承，虽有简化演变，但主要程序停尸、报丧、封棺、守七、择坟地、油棺、打墓、请祖、立神主、吊表、送葬、守孝、成服等却一直相沿未改。山西各地也大体遵循着这一套程序，主要丧葬形式有土葬和火葬。

棺材与寿衣

山西的丧葬礼仪一般从死者病危时算起，到死后百天止。家中老人到了一定年纪（过去一般60岁左右），老人自己或令儿女在闰年的月份里给自己做寿棺，有的地方称为“做活”，有的地方则称“全木头”。旧时认为闰年灾多，闰年做的棺材既可以预防老人不测，又可以哄骗“勾命鬼差”。

棺材，亦称寿棺、枋、寿枋、老房、四块半、十大块，是承载人类遗体的柜子，通常在葬礼中使用。装着遗体的棺材称为灵柩。棺材可以由不同的物料制造，最常见的以木制造，一般有柏木、松木、楠木、柳木、桐木，亦有以铜、石等制造的棺材。农村家庭常选用柏木、松木、柳木、桐木作为制作棺材的材料，就是看中这些木头的耐腐性和防虫性，且价格便宜，一般家庭都能承受得起。而做棺材最好的材料就是“楠木”。楠木埋在地里可以几千年不腐烂，因此，旧时皇家棺木多采用金丝楠木。晚明谢肇淛在《五杂俎》中记载：“楠木生楚蜀者，深山穷谷，不知年岁，百丈之干，半埋沙土，故截以为棺，谓之沙板。佳者解之，中有纹理，坚如铁石。试之者，以暑月做合，盛生肉，经数宿，启之，色不变也。”其次，金丝楠木有天然的香气，百虫不侵，金丝楠木箱柜存放衣物、书籍、字画

可以避虫。现代试验证明，金丝楠木抗腐木菌、白蚁的侵蚀，以及海生钻木动物蛀蚀性也强。

山西各地以木棺为主。木材以木质坚硬的柏木、樟木为上等，油松、楸木、槐木等次之，以柳木的为最一般。晋中祁县一带讲究不论何种木质，在棺前挡板上必用柏木，至少也须镶嵌一条。板材时兴厚大，最厚者 6 寸，拗 5（五寸五分）以上均为上等，依次等而下之，底、盖、侧均为整块者称为“独幅”，若干块拼合的则分别以其所拼块数称为“× 块头”。棺材形状为长 3 米，宽 1 米，前高后低，前宽后窄，上粗下细，如楔子形状，有的地方略小些。棺木外涂油漆，有黑、紫、枣红、黄几种颜色。中条山以南，如平陆、芮城对棺材不刷油漆涂画，而是雕刻各式花纹。五寨一带，不到 50 岁的死

彩绘棺材

者，棺木涂以朱漆，称为“红棺”；50 岁以上的多涂金黄色，称为“金棺”。晋东南一带，如青壮年就去世的，则涂黑色。

棺材不止有纯色的，还有彩绘的。彩绘的棺木以木质本色为底，作素色推光漆画，显得金碧辉煌。图案一般为百寿图、四季图、二十四孝图等，书写“××× 之灵柩”；小头绘香鼎、燃香，有的地方则画白菜。有的棺木前头正面还写有“福如东海”“音容宛在”等吉祥语句。棺木内涂以松香或用黄表纸裱糊，取的是“黄金入柜”“遗泽子孙”之意。棺木内还要贴上用金银纸剪成的太阳、月亮、北斗图案。雁北平鲁、晋中祁县等地，在棺木内底部另附一块凿有七个孔的衬板，叫作“七星隔板”，表示死者“驾鹤仙去，升入西天”。棺底，晋中祁县一带铺以石灰、五色绸线、五谷，再放上七枚铜钱、七块生铁，铺上金箔纸剪成的钱状物七张，然后铺上褥子。晋南等地与此大同小异。不管放什么物品，谷草都是少不了的。五寨一带称为“坐草”，取的是“落地而生，坐草而归”之意。

寿衣，即“送老衣”，按照山西的习俗，人死了，不能再穿生前的任何衣物，所有穿戴皆为新作。一般是女儿、媳妇在老人健在的时候或在病危时提前购买制作好，寿衣以黑、蓝、白几种颜色为主，料子多为绸或缎，或类似布料。整套寿衣不准有扣，全部用带子系，表示后继有人，即带“子”之意。寿衣包括单衣、夹衣、棉衣、棉袍或棉大衣，其件数用单数不用

双数，一般是 5 件或 7 件，忌用兽皮、毛料及灰色布料。民间认为犯了这一忌讳，就会“着毛变畜，错胎转生”。和生前衣物比较，“老衣”呈“一大一小”特征，即被褥比生前的小，大约和棺材内部的大小相当，而衣服则普遍要比生前的宽大。晋东南一带讲究寿衣由女儿准备。枕头为长方形的柱体状，两头有绣花，内容一般为牡丹和雄鸡等富贵吉祥的图案。枕头缝制时不能完全缝合，前面需要留一个小口，取没有终结之意。寿衣做好后一般都交由老人自己保管。有的老人甚至连墓地也会提前在闰年内择好，修砌完备。墓砌好后，墓内不能空着，晋

闰年冲喜寿衣全套（女）

中左权一带会把插着一朵花的大蒸馍放入墓中，待老人死后埋入即可。

以上这些东西的准备，如果在老人还能自己活动的时候准备，儿女则会让老人亲自挑选材料，上了年纪的老人对此并不忌讳，甚至觉得是高兴的事，是一种幸福。这种做法反映了山西民间对死亡的态度，为生者准备死后的棺材、寿衣、坟墓，并不是催促老人早死，恰恰相反，是盼望老人延年益寿，是一种达观的人生态度。所以有时将棺材称作“寿材”，将衣服称作“寿衣”。

此外，作为丧葬的必需品“孝布”，也是需要提前准备的。传统做孝服用的布，大都是手工纺织的土布，而头上系的“孝布”则是如纱布状的纺织品。现在这些丧葬用品多是到丧葬用品店直接购买。

初终

在山西农村许多地方，在村外去世的村民是不能进村的，只能在村口停放。如在本村去世，但不在自家，往往要在墙上开洞移入家中，而不能从家门进入。人们为了能够完整地举行丧葬仪式，除了猝死的情况，一般都会把被确诊为无法医治的人提前带回村里家中。城市实行火葬，多数是穿好衣服直接送

到殡仪馆。

老人临终前，按照风俗，子女都要回到老人身边日夜守护，心理上也有准备。临终之前，死者会对亲人有所嘱咐、安排，以了却自己最后的心愿。此时，儿孙等都会立即召请亲人，来见最后一面，外地的也要想方设法立即赶回。

老人（病人）气绝后，家人要记下准确的时间，为其闭眼合口，将身体擦拭干净，洗头洗脸，理发，剪指甲，并为亡者换上预先准备的“寿衣”，往嘴里放口含钱。有些地方村里专门有管办丧事的司仪来穿“寿衣”，还有些地方是在快绝气之前就提前换好了。这是因为死者身体僵硬后，换衣服会相对困难。替换下的衣服，平鲁、沁县等地讲究随手放在房顶，待安葬时烧掉或任其日晒雨淋，不再处理，以祛除不祥。在为死者穿寿衣时，山西各地讲究不能哭。认为死者正在绝气之际，哭会让其迷路，死者的灵魂就无所归宿；或者认为泪水落在死者身上，会出现走尸、僵尸等不祥事故。家里所有镜子、电视等能反光的东西都要遮挡起来，这也是为了防止东西反光，吓着人。

在给死者穿好寿衣后，晋南、雁北等地讲究在死者的袖筒里放一些纸钱和用面粉与头发揉成的圆球，然后用麻披把袖口和裤腿口扎住，五寨一带称之为“打麻伴”。晋中祁县等地则在死者左手放一串与死者岁数相等的小面饼，名为“咬牙饼子”；再在死者右手放一条鞭子或拂尘；把死者咽气后烧化的锡箔用纸包好，放入死者怀中；最后再给死者搂上一条麻披拧成的带子。民间迷信的说法，认为人死后魂归地府，纸钱、锡箔是用作盘缠的；去地府要经过恶狗村（有的地方说是“金银桥”），有面球、面饼和鞭子就能够抵御恶狗的扑咬。晋东南沁县一带就把装在死者袖子里的小面饼称为“打狗饼”。

死者气绝后，口中还要放入一枚古铜钱，过去有钱人家会含小元宝或小金宝之类的东西，这叫作“口含钱”。这一习俗由古代“含玉”的丧礼演变而来。死者的亲属为了压住死者的舌头，防止咽到肚子里，也是不忍死者空口而去，在其口中放入玉石一类物品或谷物。后来一些地方直接把饭放在死者口中，名为“含饭”。这些做法都是认为死者口中含钱、含饭入殓，到阴间才不会挨饿。

停丧

给死者装束好以后，家人即将其从床榻上移置到一块木板或桌子上。沁县一带还讲究“男正女侧”，即男性死者仰卧，女性死者侧卧。这叫作“停丧”或“停尸”，此俗遵循古礼。安置之后，要将一块布盖在死者脸上，闻喜一带用白布，曲沃等地则用红布。雁北五寨等地覆盖死者面部用的是一张麻纸，

俗称“打善面纸”。盖面纸是死者家人不忍见死者之面，或是由于死者咽气后面容不太好看之故。虽然各地解释不同，究其本质都是表示对死者的尊重，让死者安息。

在给死者穿好寿衣，安放停当后，全家男女老少才大放悲声，号啕痛哭，并烧化纸钱，俗称“烧倒身纸”“下炕纸”，翼城一带则称为“奠魂纸”。沁县等地要等到死者去世的傍晚才烧纸，称为“烧黄昏纸”。五寨一带则在死者弥留之际烧纸，叫作“烧回头纸”，其意在于以金钱贿赂阎王，买通小鬼，放死者灵魂附体，重回人世。烧过纸钱以后，久久不见死者复生，家人才再也忍不住，放声大哭起来，俗称“号丧”。

停尸时间一般为三日，这是为了防止误将病症造成假死的活人当作死人入土或者焚烧造成悲剧。但在夏天时，由于气温高，会加速尸体腐化，所以死者的儿子还要用扇子将尸体扇凉或用冰块冰镇，一般当天就入殓。孝子必须日夜轮番守灵，孝女要在灵前昼夜哭泣，内容多为表达对自己的养育之恩，或祝愿老人平安归西，称为“哭明祷，烧夜纸”。

停尸期间，死者头前或脚后要点油灯或蜡烛，俗称“引魂灯”，又叫“指路灯”“路灯”“长明灯”。民间迷信认为，阴曹地府一片漆黑，死者的亡灵要借助灯光才能看清道路。同时，还要不时烧化纸钱，并把纸钱灰装在瓦罐内，留待入葬时与棺木一起埋入地下，以供死者在阴间使用，这叫作“烧倒头纸”。

死者身边放一瓦盆，每次祭奠时都要往里放一些酒食，也留待入葬时埋入地下，认为这样死者在阴间就不会成为饿鬼，这叫作“倒头饭”。还要有人在一旁守护，严防猫、狗等活物跳跃其上；如果是在夏季，又要防电闪雷鸣，以恐“惊尸”“诈尸”。沁县等地预防的办法是在死者身上放置刀、秤等镇物。

沁县、岢岚等地在死者咽气的当天夜里，要前往本地的土地庙、城隍庙或五道庙举行一种仪式，沁县一带叫作“压魂”，岢岚一带叫作“告庙”，意思是向阴间报到。在鼓乐吹打下，死者的儿子用盘端一张纸，进庙磕头拜礼后，把纸放在香炉内，俗称“纳纸”。大同一带则是烧化纸钱，名为“送盘缠”。翼城等地去庙里设饯，是在死者亡故的第二天深夜，要等到鸡打鸣，才烧化纸钱后哭泣而回，当地称为“烧鸡鸣楮（纸钱）”。定襄一带称“上望乡台”，只有这时，死者灵魂才知觉要与亲人诀别。

介休一带讲究在死者亡故的第二天夜里，死者家人绕街行走，一边烧化纸钱，一边号啕痛哭，称为“知死”或“寻魂”。这一夜，乡宁等地要在大门外设奠烧纸，当地人称为“隔夜幡送魂”。浮山等地则在本院土地神前设香案，烧化纸钱，焚烧死者生前穿过的衣服，全家人痛哭尽哀，名为“点化钱”。

以上这些程序，大体相当于传统丧礼中的“小殓”。

报丧

死者小殓之后，一般是死后当天或第二天，家人请来同族长辈和邻里乡亲，共同商定丧葬事宜，然后家人亲自去或请人去亲友家报丧。古人认为“亲遭凶变惨祸”，应火急遍告亲戚好友，并且要礼仪周全，不能“匿丧不报”，否则是最大的违礼、失礼。长辈去世，儿孙要身穿孝衣，手持哭丧棍，奔赴亲友家叩头报丧。晋南一些地方称为“送孝”。亲戚、生前友人接到死者去世的消息后，在当天下午或天快黑的时候，去死者家中烧纸、吊孝，同时问安生者。主家在此时会把封棺、出殡

花圈

的时间安排告知。

死者的家门口要贴白纸黑字的讣告，又叫“门状”，写明死者生卒年、月、日与殡葬安排等事项。晋中祁县一带要在街门上糊白纸，如死者为一户之长，而且年龄已进入古稀之年，街门糊满白纸；如不足60岁，或夫妇有一方健在者，只能糊半边街门，一般是男左女右；死者如系小辈，双亲尚在，则只能在门额垂贴一张白纸。晋南是把纸折叠起来剪成条状花絮，死者多大岁数，就剪几条，然后悬挂在大门外，闻喜、浮山等地称为“缟门纸”或“孝门纸”，还有些地方叫“岁数纸”。忻州一带则大门口要插“引魂幡”。

接娘家，山西有的地方又叫作“央人主”。死者不论男女，孝子舅家即为娘家人。娘家人合族而动，按报丧所说的埋葬时辰提前到来，总管要派专人在村头瞭望，见娘家人进村，即喊孝子，孝子离开灵棚，前往跪接，总管把娘家人安排在正屋，打开棺盖验故者后，让孝子跪地奉上孝礼。这时，乐工吹奏《四海全》《哭皇姑》等悲调。若死者属正常死亡，且舅甥无隙，关系亲密，儿女对父母孝顺，娘家即接孝礼（一般为孝布）；若舅甥不睦或儿女对父母不孝，则娘家大肆挑剔、责骂，以示惩罚，村人围观不介入，总管从中调停，直到接下孝礼为止，俗称“成号”。娘家每次祭奠都要孝子去请，祭奠完毕再送回客房，并由专人照应生活起居。现在随着社会的变迁和文明的进步，这个规矩也变得简单了，只剩一种形式。

入殓

入殓，又叫“入棺”“入木”“落材”等，古称“大殓”。山西各地时间不一：有3天、5天、7天入殓的；有死后当天入殓的，如五寨、曲沃等地即这样。在五寨，如果因棺木、寿衣尚未齐备而不能入殓，当地人便称为“挺尸”。

入殓时，一般要由死者的儿子抱尸入棺。晋东南在入棺前，要往棺里铺上一层谷物，铺得越多，对死者的后人越好。沁县一带，讲究把死者的头部用红布围上，然后由其长子抱头，另外4人或6人抬身体，脚前头后出屋。屋外用毯子遮阳或打伞，浮山等地称为“上不见天”。入棺时，死者的脚要先进，然后平放棺内。之前死者袖口和裤脚系的麻披，这时要解掉。襄汾一带，死者气绝后要用白布束身，入殓后把白布取出，分给儿孙束腰，名为“留后代”。晋中祁县等地，死者头部要枕一种特制的凹形空心枕，上绘日月、山川、花卉图案，枕中填以线香、五谷等。死者身上再铺七张银箔，最后从头到脚蒙红布七尺，此布须由一已嫁女儿置备，俗称“铺儿盖女”。晋南死者入棺时会穿3件（或5件、7件）衣服，鞋底上画鸡、黄罗伞，表示吉利富贵。脸上盖白布，头枕鸡鸣枕，一般讲究“铺金盖银”，即身下放黄金纸，身上盖红绸布，褥上铺白金纸。

给死者铺盖停当以后，棺内还要放置一些生活用品和死者生前的心爱之物，但绝对禁止放入毛织物和毛皮制品，如毛毯、毛毡、皮褥子、毛皮鞋之类。这跟前面讲的准备寿衣时不能用皮毛制品的原因一样，都是怕死者会“着毛变畜，错胎转生”。除了再撒一些五谷、纸钱外，五寨一带还要在棺内放置一些驴蹄甲片和生铁片。生铁片最好是用犁铧碎片，取的是“入土开路”之意。

入殓完毕后，棺盖斜盖于棺身之上，仍留缝隙。待死者亲属最后检视后，在夜间或阴阳先生择定的时辰盖棺。

封棺，又称“盖棺”“合棺”。封棺前，家人、亲友齐集，揭去死者脸上的蒙面布或纸，向死者告别。死者如系女性，还要请其外甥或娘家人检视穿戴、铺盖，看有无异议。然后正式盖棺楔钉，家人、亲友跪拜告别。晋中祁县一带，合棺前要把死者身上盖的红布由脚部往下拉，露出颜面，然后顺势把红布撕下一条，迅速合盖落木锁，即棺盖与棺身之间的榫卯。钉棺一侧用钉七枚，每颗钉子上垫一小块撕下的红布条。钉棺时，全家回避，只有死者的儿子须立在棺旁口喊“躲钉”。这一习俗在山西南北大体都是一致的。参加钉棺的邻里、朋友都要身系红布条，并要给钉棺的人赏封，称为“喜钱”。盖棺以

后，沁县一带，死者的子女还要手拍棺木数次，俗称“叫醒”。襄汾等地，死者的儿女要做“撅片面”于灵前供献，然后由参加入殓的人分着吃，表示从此与死者永诀了。

在入殓第二天半夜，沁县等地要置备纸马素车、香炉锡箔和纸人，由死者的子女哭送到将来出殡必经的十字路口烧化，为死者送行，俗称“送魂”。闻喜一带，在死者去世的第三夜，家人于城隍庙、土地庙叩拜之后，要由死者的一个女儿手提汤水罐，暗中摸索浇奠，并呼唤死者。另外有一个代替答应，凡三呼三应，然后哭出庙门回家。往返要故意绕远，回家后哭奠烧纸，名为“烧上路纸”。偏关等地，家里有人亡故后，或三夜，或五夜，或七夜不等，家人要去城隍庙哭叫，呼唤亲人回来，俗称“叫夜”。亲友在这几天内，要赠送提灯，丧家以灯多为荣。民间认为，人死后要受城隍神审判，审判无罪后，家人便以灯引魂归来。所以这一习俗又叫作“送灯”。

吊祭

吊唁死者的日子，山西各地一般都在出殡前一天，俗称“开吊”或“开悼”。

开悼时架设灵棚，将棺木移置灵棚之中，名为“移灵”。隆重的丧事还要在灵棚前高搭牌坊。灵棚内悬挂幔帐或竹帘，

灵堂

后面停棺，前面为堂。灵堂中摆有供桌，桌上供灵花，陈列牌位和祭器、祭品，悬挂死者遗像。两侧摆放各式纸扎和陪葬品，诸如童男童女、金银二斗、金银二山、摇钱树、聚宝盆、引路菩萨、打道鬼、方相……以及挽联、挽幛、花圈等。死者的子孙披麻戴孝，手拄哭丧棍，跪在灵堂供桌西侧的谷草或草垫上。沁县一带称之为“跪草”，曲沃等地称之为“跪灵”，闻喜一带则称之为“坐草守灵”。

死者的子孙及晚辈亲属一般都被称“孝子”“孝女”“孝孙”等，孝服依照与死者的亲疏远近关系，分为不同种类样式。山西有的地方比较特殊的是，未婚女婿要披一条大红彩带。左权一带，主人家属是重孝，孙子需穿白孝衣，亘孙需穿黄孝衣，

玄孙需穿红孝衣。孝帽用白布叠成，长短不一，孝子为最，有9尺或6尺的，次子和女儿不得超过长子。白布围在头上做帽子状，帽子的一端按死者的性别依照男左女右的原则“梳腿”，即用白布折成几折从帽子内延伸出来，有些地方的孝帽还挂一小棉球之类的东西，叫作“打泪弹”。帽子无檐，只有盖布，一边长一边短，长的可达膝盖，盖布后有披，类似清朝的辫子。

孝鞋也有讲究，一般是布鞋，上面用白布包好，并用针缝住，叫作“鞔鞋”，死者儿女辈鞋的后跟处留一寸左右的口子，孙辈要露出3～4寸的口子，如果死者的配偶仍健在，则按照男左女右的原则把口子留在配偶的一边。

丧棒，又称“哭丧棒”，是治丧时候所用的柳木细棒，或高粱秆棒，长约尺把，上面缠上白纸条，供孝子使用，先放于棺前，出殡时，孝子像拐杖一样托在手里，边走边用，用后插在坟堆之上。

开吊后，亲友陆续前来吊丧，不论辈分大小，统统按照“死者为大”的规矩，上香跪拜。客人来到主家吊唁，丧家会尽情招待，奏鼓乐，摆宴席，有的还会专门请戏班子唱三天戏。这种情况在山西各地都很盛行。偏关地区会门外奏乐，彻夜不绝，甚至请道士或僧人念经。介休丧仗会列街数里之遥，祭宴数十桌，吊唁或观看的人络绎不绝，称作“闹葬”。

纸人

死者灵牌

古代丧礼中，外来亲友对死者的哀悼有吊、奠、赙三种形式。讲究奠用香烛、酒果；赙用钱帛、金币；奠后再烧纸，则为吊。山西民间于此变通颇多：平定一带吊丧时奠而不吊，有的用猪头、鸡和面鱼，名为“三牲”；有的用20多个面饼，名为“蒸炉食”；如赙，则用现金，姻家再加酒食，称为“上祭礼”。闻喜等地吊丧时奠、赙两兼，一般亲友至少为两个馍，每个重2.5斤；至亲奠品除挽幛、宴席、三牲、香烛外，还须有大馍80～120个。大馍可用现金代替，二者在奠品中的比

亲友吊丧，主家叩头答谢

例一般为三七或四六。兴县一带亲友助丧，称为“照什房”；至吊丧时，只以纸钱数张来吊，俗称“烧纸”；次日复来灵前一拜，叫作“道烦恼”。五寨等地，亲友吊丧一般纸不过三张。当地有“三张麻纸一骡驮”的俗语，意思是说烧化三张麻纸，所得的冥钱需一匹骡子来驮。吊丧者拿来麻纸后，要换成纸钱烧化，俗称“接纸”。

在吊丧活动中，岚县一带还有一种“管炕”的习俗，即本家、邻里或亲友帮助丧家招待宾客的住宿和饮食。一般分三步进行，一是请炕。丧家根据宾客人数定出所需的炕数（一般每一炕家负责六至八人），然后略备水酒，请炕主前来议事，征得同意后，炕家就算定下来了。二是管炕，头一天祭祀结束后，就由总管分配炕员，抄出名帖交给炕家。炕家把宾客接到家中，烟酒茶饭款待，一般晚上吃面条，取亲戚往来长久不断之意。第二天，出殡后宾客要在丧家“坐老斋”，即吃完殡饭。饭后再由炕家接到家中稍事休息，下午散客，炕家的义务也就完成了。第三步是谢炕，下葬后的第二天中午，丧家要设酒席酬谢炕家。谢炕完毕，管炕这一活动也就全部结束了。管炕还有“干、湿”两种，以上所述叫“湿炕”，即连住带吃；“干炕”则只管住，不管吃，事后也不谢炕。一般“湿炕”居多，“干炕”较少见。当地把这种活动作为一种互助性的活动，谁家也不计较为对方担负义务的多寡。只要出现这种情况，大家都义不容辞地承担起来。

在出殡前一天，要举行吊唁祭奠，一般先长子、长媳，然后其他子女、女婿、侄儿、侄女等。长子、长媳或其他亲近孝子、孝女一般要转大祭，即绕整个灵棚转三圈，由司仪指挥，每次下跪叩头四次（部分地区磕头讲究神三鬼四），为一叩首、再叩首、三叩首、四叩首。其他人转一圈，称为转小祭。吊唁中间一般夹有戏班表演，表演内容有歌曲、唱戏、小品等。吊唁结束后要守灵，讲究守灵不能缺孝子、孝女。

这天晚上，五寨一带则由死者的子女、孙子和外孙哭着守灵，称为“哭灵”。兴县一带讲究“伴灵”，亲友会集灵堂，饮宴通宵。太原等地，亲友在这天晚上要带着香烛、纸钱和果盒到灵前祭拜，名为“辞灵”。

晋南临猗一带，在出殡头天晚上还有“暖窑”的习俗，家人要带着香烛、纸钱和酒食到墓穴中去祭奠。闻喜等地，死者的儿孙要在墓穴的四角点火，表示把炕烧热了，死者可以安睡其中。翼城一带，死者的儿孙和至亲在墓穴中用木炭火煎食油饼，称之为“暖房”。

在出殡之前，除了各种吊丧供祭外，死者仍像生前一样享受着人间烟火，一日三餐，顿顿必由家人亲供，清晨盥洗用品也一如日常安排，连饭后的嗽口水杯也不可缺少。每次供奉时，家人必痛哭尽哀。这样，一直侍候到出殡，死者才算是离家而去。

出殡

入殓以后，紧跟着就要确定出殡的时间。山西各地办丧事，一般不“热死热埋”，否则便会被认为对死者不孝不敬，至于什么时候出殡，往往要根据准备情况、时令、至亲到否，以及墓穴是否完备等因素来定。时间可长可短，大抵最短的为三日，依次为五、七、九日，长者可达百余日，均须单数。旧时还讲究由阴阳先生择吉日，定坟“空”，即坟地上什么时候能进得去。

八桌供品

八大碗、八小碗、水果、花馍

花馍供品

出殡时间确定以后，亲友去时要带一块孝布，依关系远近亲疏，大者一身孝衣，小者一方孝巾。现在很多地方已经简化为戴孝帽，臂上戴黑纱。

晋中祁县等地，于出殡这天，门前要悬挂用白麻纸剪成图案的幡状物；纸与纸的衔接不用糨糊粘贴，而是用铁器或石器把纸折叠后捣在一起，名为“砸岁纸”。这类似于前面提到的“岁数纸”，只是悬挂时间不一罢了，死者达到耄耋高龄的“岁纸”，当地人一般会撕一条给孩子佩戴，据说可以延年益寿。还有一种说法是撕回家糊在面瓮上，不生虫子。旧时有些地方还要在大门外立起“避忌牌”写明生卒年月等事项，男左女右，不仅写明出殡日期，还要列出避忌事项。

出殡前，在山西各地，如沁县、祁县等地都有“点主”的仪式。即请人用朱砂笔往牌位上原来写的“王”字上加一点，使“王”字成为“主”字。俗称“成主”，即成为神灵之意。点主的人称为“点主官”，要请当地德高望重的名流学者或地方长官担任。这项仪式一般只限于正常死亡的中、老年人，幼丧及凶死者不举行。

出殡这一天，亲友、邻里汇集丧家，祭送奠仪，以示哀悼。奠仪一般包括祭席、馒首、挽幛、纸扎。至亲送祭席，俗称“祭”，以肴馔为主，每一付都要插大小不等的纸花，其次则为馒首，即一种用碗扣住上笼蒸熟的面食。亲朋好友大多送挽幛、挽联，以后演化为一块布料。普通街坊则送四色纸礼，含蜡烛、香、锡箔、纸四样，或仅纸一道。20 世纪 50 年代以后，纸礼多为花圈代替。

在出殡当天，有的地方还有“迎祭”的习俗。迎祭，即迎接给亡灵的祭品。迎祭时间因地区不同，在当天上午迎祭或头一天下午迎祭的都有。迎祭的供品一般有 8 桌，供品的排序依次是：茶水、香烟、水酒、八盘菜、八大碗、八小碗、水果、馍馍，最后还要上一杯漱口水。供菜一般由死者女儿出钱制作，做好后在鞭炮声和鼓乐声中从女儿家搬入灵堂。供品抬到死者门口后，家中所有穿孝服的人在灵前依次跪作 2 列，死者外甥从门外把供品依次传递，最后再由死者侄儿或外甥在

迎祭（迎接死者女儿家制作好的祭品）

迎祭（死者外甥或侄儿从门口将供品依次取回递给守孝的人）

迎祭（传递供品）

放上供桌

灵前接供。

吊祭者公奠之后，死者的长子跪拜致礼，即身背棺木大头，在众人的协助下把棺木移出灵棚，俗称“出灵”。山西各地都有在出灵时于棺木后头打碎死者生前用过的一个饭碗的习俗，五寨一带称之为“斩殃”，取的是斩殃杀祟，祛灾除祸之意。有些地方还要磕碎死者生前用过的药罐，表示今后家中不再有人生病，再也用不着熬药了。起灵前，晋中祁县一带，死者的儿子们还要进行一种摁“食压钵”的仪式。他们在一个瓷罐中装入各种菜肴、食品，然后轮番摁捺，一直到满为止。最上面放一个馒头盖住，用一双筷子竖立穿扎，上面再盘一些染红的粉丝。此罐食品连同“下气馒头”“长明灯”等，在出殡

出灵

时都将随棺下葬。

棺木抬出灵堂后，便放到预先绑好的架子上，有豆腐架、三龙杠、独龙杠等数种形式。五寨一带，还要在棺木前摆上供桌、供品，家人扛着引魂幡，在鼓乐声中绕棺木左转三圈，右转三圈，以表示对死者的依恋难舍。每转一圈，就要浇奠一次。绕棺完毕，升棺起灵，当地称为“绕灵大起丧”。

山西各地出殡盛行用棺罩，其状如长形轿体，上有锡顶葫芦头金顶，男性死者四角用龙头龙尾，女性用凤头凤尾，周围饰以红、蓝、黄布帷幔，上绘各种吉祥如意的图案。这种器物均有店铺专门租赁。

厚重的棺木，加上庞大的棺罩，人手少了就比较吃力。于是，抬棺者由 8 人增至 16 人、24 人，甚至 32 人，俗称 16 杠、24 杠、32 杠。山西有些地方讲究棺木出门后，要一路不停歇（路祭除外），送到坟地。抬棺人手众多，既便于做到这一点，又前呼后拥，显得气派。

棺木抬起之前，死者的长子双膝跪倒，手捧烧纸钱的瓦盆，痛哭失声，然后把瓦盆在地上摔破。忻州、定襄一带称之为“摔丧子盆”。民间认为，摔破丧盆，死者就可以把所有烧化的纸钱带到阴间去使用了。

摔过“丧子盆”，出殡便正式开始了。晋南一些地方讲究棺木出院门时，要大头在前；出了门后，都要掉个头，一直抬到坟地。原来人们认为死者躺在棺木中也像人站着一样，出门头向前，等于回首瞻顾家园，表示对人世的依恋；出门以后头朝后，等于不再往后看，一往无前，直奔西天乐土。

出殡队伍最前面有开路的，沿途插放“路旗”，即用五色纸或白纸糊成的小三角旗，指引死者亡魂；抛撒引路纸钱，以示买通沿路鬼魂。次为仪仗，各种纸扎（兴县一带称为“纸文”），粗、细乐班，由外甥或孙子扛着的引魂幡，扛条凳的，然后即为牵缆持丧棍的孝子，孝子之后是棺木，棺木后跟着的是坐着车轿的女眷和步行的亲友。

送殡队伍至人多处或大路口，还要停灵路祭，鼓乐也要停

出殡仪仗（乐队、祭品、孝子、棺椁、送葬亲友）

下来演奏。古代一般由亲友、邻里在各自门前设祭，后来大多为丧家自己设祭，其意不过是显示丧事办得排场、隆重罢了。

来到村外后，送葬的亲朋止步，由死者的儿子“谢孝”。然后除去棺罩，停下仪仗，只有家人与至亲携纸扎及祭品随棺前往坟地。时辰一到，即刻下葬。棺木入墓后，晋中祁县一带，阴阳先生要摆下罗盘仪定方位，左挪右移，直到他认为可以为止。大体上方位为东南－西北向（乾－巽位），当地有“头顶紫金山，足蹬雁门关"的说法。晋东南沁县等地则还要由阴阳先生安置镇物，如桃弓、柳箭、桑枝、棉花、五谷等。死者的儿子入墓检视，然后家人往墓内扔"富贵钱""富贵馍"。浮山一带，墓内要放由阴阳先生画符的新砖、新瓦，民间认为这是阴间的锁和钥匙。五寨等地在掩埋棺木时，要求"人停锹不停"，家人则要呼喊死者"躲土"。

坟丘堆成后，死者儿孙所持的"哭杖"和"引魂幡"要插在坟头（也有把引魂幡放置于棺顶的），接着烧化所有纸扎（此时，"童男童女"已经被把头或脚扭向后，置于棺木一侧），大家再祭奠一番，痛哭尽哀，然后悄然退出，让死者永远安息于此。

葬前最后一次拜别死者

葬后礼

入葬结束后，亲人朋友在离开墓地返回途中，严禁回头张望。在太原、左权等地，回到死者家进门时，主家会在门口放一个盛满清水的盆子，里面放一把菜刀，参加葬礼的人需把菜刀翻面或手拨刀柄左转三圈、右转三圈后再进门。而晋东南的黎城、潞城一带，在回到死者家进门前，先跨过主家在院中放置的盆子，之后再进门。这都是一种迷信说法，怕把坟地里的鬼带回家，对家人不好。

出殡次日清早，晋南闻喜等地讲究家人送饭至墓前浇奠，

入葬后拜祭，焚烧祭品

表示请死者同家人再次共进便饭。翼城一带，家人次日赴坟地致祭时，要用锹往坟上添新土，使坟丘前后周正，不偏不斜，俗称“扶山”。而太原一带自安葬后，一直要等到三年之后清明祭扫时，才允许往坟丘上添土。

山西大部分地方是在死者安葬后第三天，到新坟添土、奠纸，称为“复三”，又叫“圆坟”“暖墓”。一般是死者的长子带领全家去，有的地方是凡有“服”之亲都去，如忻州河曲，亲友带上火锅、柏柴去坟地会聚，祭奠后食毕而归。

从人死后算起，每七天必祭奠一次，称为“做七”或“过七”。其中一七又称“头七”，三七又称“散七”，五七、七七又称“满七”“断七”或“尽七”，较为重要。

“一七”，丧家设灵座，供牌位，举行隆重仪式，受唁开吊。

“三七”，死者的子女要拿着香火，到三岔路口呼唤死者，或上坟焚香接引亡灵回家。

“五七”，民间认为这一天死者亡灵回家“省亲”，丧家除举行祭奠，还要延请僧道诵经，亲友均来吊唁。晋中祁县一带，面蒸供品中，男亡多蒸一份“莲花”，女亡多蒸一份“如意”，并按亡者岁数扎制纸花，剪纸旗，另外再糊一口“升”，纸旗以谷草秆穿扎，沿路一直从家门口插到坟地。

“七七”，丧家举行隆重祭奠，亲友都来烧纸，或到坟前

祭拜。

现在，往往将“做七”改变为四次，只烧单数，即：一七（被三天圆坟所代替）、三七、五七、七七。按丧事习俗，烧一七、七七，以亡者儿子为主，称作“有头有尾”；三七，以亡者儿媳为主；五七，以亡者女儿为主（烧五盆纸花）。“七七”之内孝子不理发，不修面，称为“囚七”。

特别值得一提的是“犯七”。犯七就是从亡故之日以农历推算，若逢七之日与初七、十七、二十七这些日子重合，就叫犯七，比如三七与这些日子相合，就是犯了三七。有道是：“亡人不犯七，活人没饭吃”，意思是说，犯七有利于活人，但亡人却会因此而受罪遭难，所以，遇此情况，活人需要为亡人消灾救难，也就是需要上坟为亡人“淋七”。具体做法是：用麻纸剪纸人，其数目是比亡人之寿多三个，扎于谷秆上，还要剪一把伞、一架梯子、一座桥。把这些纸人围成一圈，扎到坟头，中间放伞、梯和桥，然后用水浇放有核桃和枣的漏瓢以淋纸人，并虔诚地念种种提醒亡人的话语，如“躲雨了”“过桥了”“打雷了”等。如果没有“犯七”，孝子则要在“复三”前讨足一百户人家施舍的米，用来在“复三”那天招待前来致祭的亲朋。

人死后或安葬一百天后，即“百日”，也是一个隆重的祭供日，又称“百日祭”。到这天，穿重孝服的要改穿常孝服，一般人多除去孝服。祁县等地，纸扎要糊“斗”，俗话称“五七升，百口斗”。

民间认为，人死到阴曹地府后，首先要过前七殿：第一殿秦广明王、第二殿楚江明王、第三殿宋帝明王、第四殿伍官明王、第五殿阎罗帝君、第六殿下城明王、第七殿泰山明王。儿女烧七，希望父母在阴间能安然舒适，过殿顺利。四十九天后移送阴曹法院经四审，每十日为一旬，调审一次：一审（头旬，第五十九天）崔氏判官；二审（二旬，第六十九天）李氏判官；三审（三旬，第七十九天）韩氏判官；四审（四旬，第八十九天）杨氏判官；再过一旬就是九十九天，烧百天（叫作短百天，长周年），再拜第八殿平政明王，烧一周年拜第九殿都市明王，烧三周年拜转轮明王后，决定如何投生，转入来世。因此，人死后，其子女要服孝三年，俗称“服三”。满一周年烧纸祭奠，叫“周年”或“烧周年”，古代称为“小祥”。第二个周年叫“大祥”，也要去坟地致祭。满二周年烧纸祭奠，死者的亲友毕至，各带供品、纸扎。三周年过后，死者的子女即可脱去孝服，改换平常衣着。所以三周年又叫“脱服”或“除孝”，古代称为“禫服”。按照传统的说法，丧葬礼仪至此才算正式结束。

值得一提的是，死者亡故次年的清明节当日或前一日，晋中一带还有一种“烧心”的习俗。这一天，家人、亲友，特别

是出嫁的女儿须到坟地供奠。祭品除衣帽鞋袜各式纸扎外，还要蒸空心的面供和“面心”，供毕埋于墓前。“烧心”又称“安心”，其意在于告慰亡灵，从今以后勿惦念阳世亲人。

“服三”之后，对死者的祭奠转入普通的上坟，不再有特殊的忌日。上坟一年大致三次：即清明，举新火；七月十五，尝新谷；十月初一，送寒衣。也有一年五祭的，即除了以上三个节令外，再加上元节和冬至。借此，家人在悠长的岁月中继续保持着同死者的“联系”，并寄托自己绵延无尽的哀思。

现代社会是一个流动的社会，人们的生活节奏非常快，人口流动也更加频繁，许多人背井离乡在外打拼，距离家乡路途

十月初一送寒衣

遥远。清明虽然有三天假期，但是不少人因为工作忙、车票难买等原因，无法每年都回家祭扫。传统现场祭扫的缺席让很多人留下内心的遗憾，而“云祭扫”可以弥补这个遗憾，让人们通过网络寄托对逝去亲人的追思。所谓“云祭扫”，顾名思义就是通过“云端”在网上追思已故之人，相较于传统的实地祭扫，“云祭扫”没有污染，也更文明。此外，为了满足民众的情感需求，许多墓园还适时推出了代祭扫业务，提供擦拭墓碑、敬献鲜花、系心愿卡等服务，相当人性化。

在民间观念中，死与生一样，是一种应时必至的现象，特别是高龄老人去世，被认为是寿终正寝的必然结果，称为“白喜事”。不同的是，红喜事讲究成双配对，所用物品多为双数，而白喜事则多为单数。

近几十年来，随着科学的普及，在有关部门的倡导下，出现了一些新的风尚，不仅涤除了丧礼中迷信荒诞的成分，而且程式和内容上也出现了很多的变化：如吊丧改为追悼会，披麻戴孝改为戴黑纱，再到戴孝牌，而且只有亡者儿女戴。大多数地区按亡者父左母右，晋城一带不分，都戴右臂。时间上也一再缩短，由最开始的戴孝三年，后改为一年，现在一般只到五七。

此外，火葬也得到了大力的推广，尤其是在山西太原等城市中，主要是火葬。在火葬时很多程序都进行了简化，但主要

流程还是有的。

火葬的丧礼一般只有三天时间，所以亡故后立即穿寿衣，当天就联系殡仪馆。殡仪馆会派专业人员开灵柩车到亡者家中，将亡者放入灵柩车内的棺材之中，接到殡仪馆（个别在家中）的停尸房存放。同时，亡者家中房门上贴的“福”字和对联要全部撕掉，用烧纸代替，以示生者的哀伤和悲痛，并贴讣告。吊唁、敬食、祭奠全部在家中遗像前，人们吊唁、祭奠多是鞠躬、敬香，家属陪同。寿衣、祭品、纸扎、骨盒等都是购买。

第二天，家人及总管要到殡仪馆办理各种手续，确定各项仪式时间。

第三天出殡，孝子、孝女应跪在遗像前拜，出门后将砂锅摔碎，沿途向车外抛撒纸钱。到殡仪馆，首先进行悼念仪式，致悼词或介绍亡者生平，然后进行遗体告别仪式。入炉前会开棺让亲友见最后一面，通常这时会比较混乱，但仍讲究生者的眼泪切勿滴到亡者身上。之后盖棺入炉，亲友再次下跪送行。火化后，亡者的骨灰即由工作人员送出，放入家属挑选的骨灰盒内，然后由孙子、孙女手拿引魂幡引路，孝子、孝女捧骨灰盒走在后面，将骨灰盒送至墓地。经最后一次全体祭拜和上香后，集中焚毁亡者生前的衣服、鞋子、花圈、大件纸钱，以及为亡者准备的童男童女、楼房、洗衣机、小轿车和冰箱等

烧纸

灵柩车及其内部

骨灰盒

纸扎。然后由亲人将骨灰盒放入墓中，或寄存。墓有许多种，有的是土墓，有的是灵塔，近年还有使用可降解骨灰盒的生态墓及树葬等多种形式，大部分是寄存。一般经济条件较好的家庭会选择传统的土墓葬，条件更好一点的就放入佛塔中，越靠近塔尖越昂贵，因为人们认为那样离天就越近，更容易升天为仙。最后，主家设宴酬谢前来帮忙和哀悼的亲朋好友。其他诸如“做七”等，与土葬相同。

山西除城市里实行火葬习俗外，各地县市都通行“土葬”，即“墓葬”。墓穴有提前建好的，也有死后临时开穴打墓的。打墓旧时要请阴阳先生坐看风水，将穴定点然后撒五谷，在所定穴位上用银针开“十”字，名为“开土”或“破土”。“开土”之后，便可打墓挖土了。合葬者，只需在旧葬处旁边另开一穴。死者如入祖坟，其墓穴在上辈脚下。依次排列，直到坟地无法再开穴后，再请阴阳先生看风水，选新地另建新坟。

选择坟地时，一般会选择有群山环抱之地，谓之“左青龙，右白虎”，近前还要有“玉带”（水渠、公路之类），人们认为这就可以福泽后人，使家族男女兴旺。

墓地的排列有严格的规定，基本原则是长辈在上，晚辈在下，男左女右，长左幼右，男性为正方，女性稍微偏一点，有一个以上妻子的，续娶者不得入家坟。这是我国历史上持续时间最长的家族墓地排列形式，按男性计算世系排列，和家谱有异曲同工之妙，是中国传统家族制的缩影。

山西在历史上还有比较特殊的丧葬形式——宁武“崖葬”。

在宁武县的民间一般是盛行土葬的，在石门一带有从明朝中叶到民国抗战时期的悬棺葬（崖葬）。悬棺葬一般是我国南方一些少数民族才有的葬式，迄今发现唯一的北方悬棺群就是山西宁武石门悬棺。原因至今仍有各种猜测，据专家分析，其安葬的人有以下几种可能：

其一，当地人对长辈的孝顺，长辈去世后，置于悬棺，意即升天。

其二，在疆场上战死的士卒。宁武自古为兵家必争之地，

宁武崖葬

有“百战楼烦地”的别称。战争后，当地人不忍死者暴骨遗骸，用松木制棺，予以妥善安葬，将棺木置于石洞之中。

其三，是圆寂后的僧人。这类僧侣尚未修行到筑塔葬的程度，多由僧侣及乡民共同制棺安葬，置于寺庙附近的石洞中。

其四，是没有子裔的孤寡老人。由村民共同料理后事，制棺安置于村外石壁之下或石洞之中。

其五，是外地商客及无子女的乔迁者。当地人厚道而淳朴，慈善助人之心浓厚，遇客死异乡者，必以石葬之俗安置。

其六，是特殊年代的异常石葬。抗日战争时期，日军施行过细菌战，山里人外出将菌毒传染病带入深山老林，有的几乎全家遭殃，存活者只有十之一二。死后，村人唯恐传染病蔓延，无人敢帮忙安葬，最后，尸体腐烂，只好由幸存家人将尸体抬至离村很远的石崖石洞中安葬。

石葬悬棺虽不按坟茔风水等土葬程序，但也并非草率从事。尤为需要厚葬的是疆场上战死的士卒和僧侣。一般安置石洞距地面较高，以慰在天之灵。现在，悬棺葬区已开发成“石门悬棺景区”，位于宁武县小石门村。

总之，山西的丧葬文化同中国其他地区的汉族丧葬文化一样，不断维持着生者与死者的联系。丧葬礼仪是为死者服务，更是在为生者服务。一场繁复的丧葬仪式是活着的人对死者逝去的情感宣泄，表达了对死者的哀悼与怀念。

参考文献

黄勇:《人生礼俗》,京华出版社,2005 年。

路成文、祁凤义、聂元龙编:《山西风俗民情》,山西省地方志编纂委员会办公室出版,1987 年。

聂元龙:《山西民俗摭拾》,山西人民出版社,2012 年。

乔润令:《山西民俗与山西人》,中国城市出版社,1995 年。

宋保明:《左权民间婚嫁、丧葬习俗》,内部图书,2013 年。

温幸、薛麦喜主编:《山西民俗》,山西人民出版社,1991 年。

周敬飞、胡安平主编:《中国地域文化通览·山西卷》,中华书局,2013 年。

后　记

山西表里河山，历史悠久，民俗文化资源丰富多样，地域特色十分明显。开展对山西民俗的研究，是我们在前期《山西文明史》研究基础上对山西文明研究的进一步细化与深入，这对于加强民俗文化资源的保护与利用，重塑山西精神，坚定文化自信，助推文旅融合，都具有积极意义。

《民俗山西》（共十册）于 2016 年 5 月立项并正式启动，由杨茂林担任学术指导及主编，董永刚具体负责组织实施，韩雪娇配合。该书在撰写上主要以社科院历史所人员为主，同时吸收了经济所、社会学所、语言所、原晋商研究中心、《五台山研究》编辑部等多位同志参与。由于该书内容庞杂、覆盖面广，为了尽可能做到材料详尽、史料准确，在编写过程中，项目组多次组织作者们分赴晋西北、晋南和晋东南等多地展开调研，并积极调动各方社会资源为书稿的编写提供线索和材料，有效地保证了项目的进度和质量。到 2019 年 10 月，全套初稿基本完成，但囿于撰写时间较短和作者专业不同的限制，书稿在写作风格、行文笔触、史料选取、图片使用及篇幅大小上存在

明显不一，与最初设计有一定距离。为此，在杨茂林的统一指导下，我们又用了一年多时间，几经易稿，每一册书较前期都有大幅度的改动。直到 2021 年 9 月，整套丛书的修改和配图才基本完成并启动出版流程。难度不谓不大！

作为一套图文并茂的文化普及类图书，无论文字还是图片要求，与普通出版物有很大区别，尤其在图片的搜集和使用上，其困难超出我们的想象。为了得到好的图片资源，山西省考古研究院刘岩副院长、洪洞县文物旅游局刘慧副局长、黎城县民间文艺家协会李建华主席、商务印书馆薛亚娟女士、山西人民出版社席青女士等给予了我们很大支持。该丛书出版前夕，山西省书画院韩少辉院长欣然为本书题写了书名，在此，我们表示衷心感谢！同时也向在编写过程中给我们提供指导和提出建议的社会各界朋友表示诚挚的谢意！由于民俗图片要求特殊，本书在图片搜集过程中，也针对性地选取了几张源于图书和网络的图片，但未能与作者取得联系，为此，我们向作者表示歉意！必要情况下可以和出版社或本书作者取得联系。

编写此类图书是我们的第一次尝试，尽管我们付出了很多努力，但总难免有欠妥与谬误之处，恳请广大读者朋友及专家、学者提出宝贵意见和建议，以便改进我们的工作！

《民俗山西》编写组

2022 年 1 月